CLÍMAX

Bruna Lombardi

CLÍMAX

SEXTANTE

revisão: Ana Grillo, André Marinho e Hermínia Totti
projeto gráfico e diagramação: Natali Nabekura
capa: Kim Riccelli
impressão e acabamento: Lis Gráfica e Editora Ltda.

CIP-BRASIL. CATALOGAÇÃO NA PUBLICAÇÃO
SINDICATO NACIONAL DOS EDITORES DE LIVROS, RJ

L833c Lombardi, Bruna

Clímax / Bruna Lombardi; Rio de Janeiro: Sextante, 2017.
256p.; 14 x 21cm.

ISBN: 978-85-431-0496-6

1. Poesia brasileira. I. Título.

17-42164 CDD: 869.1
CDU: 821.134.3(81)-1

GMT Editores Ltda.
Rua Voluntários da Pátria, 45 – Gr. 1.404 – Botafogo
22270-000 – Rio de Janeiro – RJ
Tel.: (21) 2538-4100 – Fax: (21) 2286-9244
E-mail: atendimento@sextante.com.br
www.sextante.com.br

A simplicidade é a complexidade resolvida.

— BRANCUSI

Sumário

Apresentação

A poesia de Bruna Lombardi é sempre impactante, sensual, sensorial, mas este livro tem revelações de uma intimidade inesperada, surpreendente. *Clímax* é confidencial, mostra a profundidade das relações, confessa segredos e expõe momentos de liberação. É complexo, exuberante nas emoções, na efervescência dos sentimentos e no prazer da entrega.

O curioso de sua poesia é que quanto mais se mostra, mais enigmática e misteriosa se torna. Quem sabe ler os sinais e seguir as pistas espalhadas em seus versos é conduzido amorosamente por um labirinto de sentidos. Sua abrangência transporta o leitor para vários mundos. Sua pluralidade compreende momentos íntimos de muitas mulheres, às vezes os últimos. Sua natureza percorre almas diferentes da sua, ilumina cantos escuros e compreende, com um olhar de imensa compaixão, o tesão, a dor e a loucura em toda a sua plenitude. Sua emoção busca servir a um propósito maior e, exponencialmente, refletir uma infinidade de sentimentos humanos, com sua força e fragilidade.

Bruna consegue falar com as mais diversas vozes,

mas sempre mantendo a dela. Sabe se transformar sem nunca perder a essência. Seu estilo traz uma singularidade não só pela particularidade de suas escolhas, mas por navegar em dimensões inusitadas, com a liberdade de ultrapassar limites e fronteiras, embrenhar-se em territórios desconhecidos, indo dos abismos às estrelas, na beleza do exercício do voo.

A estrutura que usa obedece a uma precisão científica e ao mesmo tempo intuitiva, como se complexos desenhos fractais fossem, de repente, simplificados pela síntese da poesia. O rigor das construções parece seguir uma geometria interna, um cristal translúcido, cujo prisma reflete e expande uma enorme gama de significados. Sua intervenção feminina, seu espírito livre, sua posição de audácia e humor inflamam esse poder pleno das mulheres. Bruna se conecta com a respiração e a emoção de cada uma e percorre com solidariedade essa irmandade secreta, atingindo, de maneira espontânea e verdadeira, o máximo da intensidade. O orgasmo. O clímax.

Com seu talento, desafia e subverte convenções. Com sua paixão, percorre escalas do erótico ao sagrado. Funde sexualidade e espiritualidade, tem a ousadia de misturar sexo e Deus. A plenitude do amor quando atinge o êxtase.

— OS EDITORES

PREPARO

Me preparo para ser o que sou
e me preparo lenta
como lentamente se preparam
poções, venenos, a gestação.

Lentamente como se detona uma explosão,
como voam os estilhaços pelo espaço.

Me preparo para ser o que sou
com a lentidão de um voo
e me preparo sem pressa.

Tudo o que virá agora começa
lento como o uivo dos lobos,
o derramar da lava dos vulcões.

Lenta como a vingança de famílias
que atravessa gerações.

Lenta como a luz veloz,
o gosto do alcaçuz, a voz
de alguém que chama.

Lenta como a bala de revólver
que se projeta e atinge.

Lenta como a flecha
que se arremessa no alvo
e acerta o ponto exato.

Como o tato do homem que me toca
lentamente e toca e toca
e toca essa música
que há anos me acompanha.

Me preparo para ser o que sou
Simples e tamanha.

TRAJETO

Eu fui pisando no medo
até chegar na coragem.
Eu disse a ele não chora
que a vida da gente demora
pra ir aonde a gente quer.

Só que o lugar é agora, é aqui
no que tá acontecendo
não adianta ficar prevendo
e pensando no que virá
que a gente esquece do agora
e só fica preocupada.
O bom mesmo é a trajetória
porque não existe a chegada.

A gente só sabe mesmo
é que não sabe nada.
Até que a gente descobre
que a gente sabia tudo
mas tudo estava escondido.
E o tempo não foi perdido.
Foi o tempo da jornada.

Então eu disse vem junto,
a gente vai nessa trilha
nessa doce caminhada
com toda dificuldade
que existe em qualquer viagem.

Aprende, resiste, reinventa,
erra, desiste ou tenta
mais uma vez e acha jeito
de achar uma passagem.
Vem pra perto, fica junto
e vamos indo pelo medo
até chegar na coragem.

DIREÇÃO

Quando me perdi de mim,
eu, assombrada
com o que acontecia à minha volta,
tentei achar a porta da morada
de um lugar que já não estava mais
onde o deixei.

Já não sabia mais qual o caminho
onde achar um mapa ou estrela que orientasse
se a voz de Deus já não chegava nesse abismo
se já não havia mais quem me escutasse.

Se eu soubesse que cada pecado que cometi
e quando, mesmo doendo, eu dei a outra face,
cada batalha que enfrentei
e cada vez que deixei que me cortassem,
que tudo isso foi a mistura necessária
pra que eu aos poucos me tornasse
a purificação desse estado de coisas
que agora me transforma no que sou.

Não existe mais procura do caminho.
O caminho é apenas onde estou.

MOINHOS

Se estar perdido é parte do caminho,
o que devo dizer a quem me segue?
se crio monstros e luto com moinhos,
o que importa vencer se tudo é breve?

Quando pensam que sei tudo o que faço,
descubro que vou sem saber nada,
nem rumo tenho, só sei que não é fácil
numa floresta escura achar a estrada.

Mas o amor, com sua luz inesperada,
me ensina o mais antigo dos segredos,
a magia pra dissolver todos os medos,
e nenhuma direção será errada.

ASAS NO ABISMO

Crio asas no abismo e sobrevoo
devagar e distraída,
essas coisas que na vida
simulam quase uma queda.

Sei do voo, sei do prazer
de subir e de descer
e de me deixar cair.
Sei que vou me machucar,
mas me atiro pra voar.

Na batalha diária com o medo
eu sussurro em seu ouvido
pode deixar, seu segredo
tá bem guardado comigo.
Pode confiar em mim...

E troco o não pelo sim
faço acordo com o que temo
concilio deus e o demo
e vou aonde mora o perigo.

Não há mais o que eu não enfrente
se é coisa que eu acho, eu digo
e faço tudo o que cismo.
Vem tanta gente comigo,
a gente se joga e aprende
a criar asas no abismo.

ASTROS

Discreta e exuberante
conduzo distante
uma vida secreta.
Abro portas, fantasias
sete noites, sete dias
os desígnios de poeta.

Não existe linha reta
só meandros e desvios,
curvas e reentrâncias
em toda a natureza.
Até as pedras se arredondam
com a força da correnteza.

Sou uma mulher plena
e os poderes que me deram
uso com muita clareza.
Sou afiada e precisa
na busca que me compete,
vou atrás do que me espera,
lendo sinais, e decifro
que é pra não ser devorada.

Cada escolha é uma jogada
e nesse fio me equilibro,
sabendo que corro risco.
Eu desenho meu destino

entre aquilo que invento
e o que já estava previsto.

DE ONDE VEM O DESEJO?

Quero falar do desejo,
descobrir de onde ele vem
se é o começo de tudo,
como é que começa?
Vem do coração ou da cabeça?
Controla tudo, manda em tudo o que sentimos?
Decide o que fazemos ou somos nós que decidimos?
Já estava tudo escrito ou ainda temos livre-arbítrio?

E quem produz a química do desejo?
Aquela que transforma qualquer beijo
no único beijo.
A pessoa que eu desejo é a única que eu vejo
no meio da multidão.
É ela que acelera meu coração e que dispara
a adrenalina do tesão.
Ondas magnéticas, elétricas, energia em difusão
te levam da euforia ao pavor da rejeição.

Que loucura é essa que acontece
e desobedece a qualquer lógica ou razão?
Faz a gente perder o controle da situação.
Isso prova que o desejo é a coisa mais perigosa
se infiltra de uma forma intravenosa
na nossa essência e se condensa,
se transforma na nossa consciência,
naquilo que a gente pensa que é.

Mas quem pensa por nós é o desejo
e a gente só faz o que ele quer...

DEVOÇÃO

O desejo tem urgência, não espera,
com aquela impaciência de fera
enjaulada, se debate e quer agora.
É soberano, mandatório, é nosso rei,
toda ordem do desejo é lei.

Sem ele tudo perde o sentido,
nos enfraquece, nos adoece, mexe
com todos os hormônios da nossa libido.
Arrisca tudo, põe a perder, joga no pleno
nunca deixa de querer e nem quer menos.

Não sei de onde vem, nem como me livrar,
se é dádiva, bálsamo ou penitência,
não existe explicação em toda ciência,
ninguém sabe o que fazer e nem como curar
se é um mal, se é um bem, se um dia vai passar.

Sublime devoção a esse deus que atira
flechas e nos atinge em pleno coração,
invade a alma, a mente, a imaginação.
Que deus é esse que brinca com destinos
e nos contamina com o veneno da ilusão?

A DANÇA DO DESEJO

Nossas noites têm o ar selvagem de um felino,
um perfume quente do Oriente,
um mistério marroquino.
São noites derramadas de prazer,
noites impossíveis de conter.

Cada noite nossa é uma viagem
de rituais e ritos de passagem
e de lentos movimentos
pra uma paisagem de dentro.

Nós dois sozinhos
num mundo irreal
passamos por um portal
que nos transporta
e nada mais nos importa,
só esse mergulho no espaço
e a gente flutua sem peso
nas galáxias de um abraço.

Somos a mesma matéria,
nós, a noite, as estrelas,
frutos da mesma explosão.
O amor nos conecta a tudo
e no céu a lua crescente
é cúmplice dessa paixão.

Nossos corpos se entrelaçam
leves a cada beijo
e criamos no Universo
a dança do desejo.

THE GAME OF THE GODS

The gods are vigilant to prevent this love.
They believe the obstacles are going to make it fade.
They test me with odds.

In my negotiation with the gods, I admitted
that I don't want to win, I just want
to be carried away by this emotion,
to be intoxicated by the bliss,
and I don't care if I lose.

The gods threw the dice and I lived
just for a moment
the fullness of this love.

O JOGO DOS DEUSES

Os deuses nos vigiam para impedir esse amor.
Eles acreditam que os obstáculos vão fazê-lo
desaparecer.
Eles me testam com probabilidades.

Na minha negociação com os deuses, admiti
que não quero vencer, quero apenas
ser arrebatada por essa emoção,
intoxicada pelo êxtase
e pouco me importa perder.

Os deuses jogaram seus dados e eu consegui
por um brevíssimo momento
a plenitude desse amor.

A ARTE DO PRAZER

Ensino a ele a arte do prazer
a essência do feroz
a delinquência...
Ele me risca as costas e o gemer
nem é uma voz.

Ele percebe o animal que esconde
sei que o teme
sente o que é capaz de cometer,
e o inquieta e quase o desespera
a doce fera que me permito ser.

Belo homem esse que corrompo
com a melhor das intenções
e meus requintes.

TALISMÃ

Agora você provou o grão dessa romã,
sentiu a força da atração do ímã,
febre terçã, néctar e veneno.
Você tocou o talismã. Agora é tarde.
Destilei naquele beijo
a gota inevitável do desejo,
marquei com tinta indelével seu contorno.
É inútil se afastar. Aonde quer que você vá
não há retorno.

ALQUIMIA DO AMOR

O homem que eu amo é abrangente,
percorre toda a superfície,
chega ao ponto mais fundo,
guarda tudo o que eu disse
e me transforma no seu mundo.

Encantado, me acompanha a cada dia
e a cada noite se deita comigo,
melhor amante e amigo.
Só o que me diz é que importa
todo o resto silencia.
Inventamos nossa aventura
com louca e doce ousadia,
e tudo o que tocamos
passa a ter maior valor.
Esse é o segredo do tesouro
transformar tudo em ouro,
com a alquimia do amor.

CÚMPLICES

Você nota diferenças sutis no meu comportamento
observa todos os tons de azul do firmamento
sabe ler as entrelinhas
e adivinhar o que quero.
Você me deu um império
feito de delicadezas.

De noite me deito em nuvens
de extraordinária leveza.
Quero viajar com você
por países e cidades.
O amor que a gente tem
muda qualquer realidade
e a melhor coisa que existe
é a nossa cumplicidade.

SEXO E DEUS

Só penso em sexo e em Deus
não me distraio
sou muito séria, muito obsessiva,
beijava estátuas nos museus
entrei em igrejas e nunca me confessei
pra ninguém revelo meu segredo.

Minha intimidade é com Deus
somente ele conhece meu avesso
e se diverte comigo cada vez
que embaralho tudo e recomeço.

Só penso em sexo e Deus
e continuo
vivo em suspenso
o coração às pressas, todo entregue,
pra ele, pra esse me reservo.

CLÍMAX

No vermelho da nossa intimidade
a nossa chave secreta do tesão
abre o portal de outra realidade
e nos leva a uma nova dimensão.

No céu do quarto, astros e cristais
imprimem prismas de todas as cores
nossos corpos atentos aos sinais
somos caça e somos caçadores.

Num jogo lento, o nosso movimento
aos poucos nos dissolve num só ser.
O ritmo nos leva ao arrebatamento,
na energia absoluta do prazer.

Nesse momento nada mais importa.
O mundo como tal desaparece,
só existe essa paixão que nos transporta
como a loucura ardente de uma prece.

Místico o êxtase da nossa transcendência
de uma força maior e milenar,
o clímax do amor desafia qualquer ciência,
explosão interna e interestelar.

KEEP THE BLUES AND THE FUN

We've gotta keep the blues and the fun,
refazer o que for amanhã
we gotta keep the wild, the child inside
and go for a ride
na aventura
sem sentir paúra
de nada, encarar a estrada
que a gente vai desenhando
sem saber até quando
we'll keep the blues and the fun.

Never let the fear interfere
o lance é seguir
por onde der,
se moldar ao que vier
essa é a ciência
se adaptar ao que encontrar,
mudar, sem perder a essência.

Atravessa o tempo, o segredo
da nossa íntima evolução:
A troca de todo medo
por permanente atenção.

Trade fear for permanent attention
and be the best result of your invention.
Set yourself free of whatever convention is.

Search for bliss.
Escolha ser feliz.

Ouça tudo o que diz sua intuição, sua emoção,
seu descuidado coração, quase descrente
de poder amar novamente
e renovar a paixão, a compaixão,
a mais doce das entregas.
Keep the blues, the fun and romance
time to surrender to love
and face the music and dance.

PARAÍSO

Depois de dançar com os anjos, aprendi a silenciar
as vozes dos demônios que rondavam.
Percebi como silenciavam com um leve sopro meu.
Respirei setenta noites tão profundas,
que vivia tonta de manhã, sentia vertigem.
Andava sobre folhas, libélulas
e borboletas amarelas
me acompanharam durante todo o caminho.
O homem que escolhi era o mais belo,
veio sozinho e sabia decifrar significados.
Pedi a ele o mais doce dos pecados
e ele comigo navegou por todos os mares.

Sabe meu corpo de cor e sabe tudo.
Mergulha no amor como quem se atira
do mais alto dos penhascos.
Me traz almíscar, jasmim, sândalo, gardênias,
mel, morangos, amoras e damascos.

Por ele teço a trama intrincada de um tecido
que não termina nunca e sua delicadeza
é a mais sublime. Juntos nadamos
nas águas mais azuis, entramos em cavernas
e florestas, desfrutamos o melhor dos paraísos.

Hoje dançamos como dançam
os anjos que me tocam e os demônios que exorcizo.

STREAMS

You were born on the day of the cryptic secret
and I recognized it from the moment
I first saw you.

You were born under the sign of desire
and I secretly whispered something
that you didn't hear.
I said the essence of you is what I want.

Silently, invisible, I became part of your dreams,
and you didn't notice.

Night after night I step into the place where
emotions come from
and I say let go.
Then I transport you in a flow of pure energy.
But you don't know it.

We meet in a hidden place of trust and warmth,
protected, beyond right and wrong.
We experience ultimate surrender,
enlightenment through the senses,
ecstasy that expands and becomes all.

Then I leave while you're still sleeping.
And every morning you go on, without knowing me.

FLUIDOS

Você nasceu no dia do segredo cifrado
e eu te reconheci no primeiro momento
em que eu te vi.

Você nasceu sob o signo do desejo
e eu secretamente sussurrei alguma coisa
que você não escutou.
Eu disse é a sua essência que eu quero.

Silenciosamente, invisível, eu me tornei parte
dos seus sonhos e você não percebeu.

Noite após noite eu entro no ponto onde
as emoções nascem e peço que você se entregue.
Depois te transporto num fluxo de pura energia
mas você não percebe.

Nos encontramos num lugar secreto, confiável.
Protegidos, além do bem e do mal,
experienciamos a entrega absoluta,
iluminados através dos sentidos
num êxtase que se expande e se torna tudo.
Depois eu te deixo enquanto você ainda dorme.
E a cada manhã você continua, sem saber de mim.

GATOS E LAGARTIXAS

Se somos loucos e dançamos
uma música que só nós escutamos
o que importa?
Se os caminhos que deixamos
já não nos interessavam,
a quem devemos dar satisfação?
Somos donos da nossa relação.

A gente troca de pele e reinventa
cria sempre um recomeço
e cada vez renamora.
Olha a lua durante horas
dentro de um doce abraço.

Acreditamos que os gatos
nos dão sorte e protegem
nosso ser e nosso espaço,
nosso amor, nosso caminho.

Assim como as lagartixas,
que todo dia nos ensinam
a perder nossos pedaços
e a nos refazer sozinhos.

ESTRUTURAS VESTIGIAIS

"Eu Te louvarei, porque de um modo
assombroso e tão maravilhoso fui formado;
maravilhosas são as Tuas obras,
e a minha alma o sabe muito bem."
Salmos 139:14

Sou simples e barroca,
serena e louca,
profunda e profana.
Mistura mundana,
confusa e urbana,
da era contemporânea
e dos tempos primordiais.

Informações sequenciais
através de tantas eras,
transformações animais
trazem rastros de feras
que já não existem mais
no cume de montanhas,
onde conversam os ventos
e se encontram os elementos
perdidos pelas florestas.

Trago a marca na testa
e conheço a fúria e a paz

dos olhos da serpente
e da chama do dragão.

O fogo em mim é paixão
aquele que nunca se apaga,
a região que se desbrava
quando se busca a resposta
daquilo que não faz sentido.

Na complexa evolução
carrego comigo memórias
de histórias que não vivi,
sabedorias antigas
vindas de outras vidas.
E embarco em tantas viagens
pra decifrar mensagens,
vestígios que permanecem
no que deixamos de ser.

Sou fruto de tudo, multi e misto
porque quero saber é que eu existo.

AVATAR

Quando quero criar eu viro Deus
me atiro pra voar em cima do cenário
basta me lançar, qualquer itinerário
me leva pra qualquer lugar.

Quando eu quero existir ocupo tudo,
em tudo me transformo e só preciso
existir, mais nada.
Sou eu o norte, sou eu o início
de qualquer estrada.

Os pássaros que saem das minhas mãos
espalham as sementes que preciso.
Eu sigo e faço o meu próprio paraíso.
Invento o meu avatar.
E viro Deus para poder entrar.

CAIXA DE PANDORA

Depois de abrir a caixa de Pandora,
o monstro que alimento me devora.
Preciso me livrar do meu invento,
sei que a jornada é o que experimento
e a vida é uma coisa transitória.

Talvez seja necessário o aprendizado
pra poder transformar cada momento
em algo que seja mais iluminado,
pra conseguir encontrar no pensamento
um lado mais sublime e elevado.

Sei que pra isso tenho que enfrentar a dor.
Sei que é preciso essa descida ao inferno
até tocar a profundeza desse amor
que, mesmo nessa vida passageira,
fez a promessa de permanecer eterno.

Não me importa queimar nessa fogueira
e enfrentar noites sem sono e sem ajuda,
nem confrontar os monstros que eu temia.
Agora sei que de repente tudo muda,
e depois da escuridão vem a luz do dia.

Sossega, coração, que essa é a travessia.

SALTO

Existe um momento que antecede o salto,
a mais longa das noites em que, sozinho,
o homem redesenha seu destino
e muda o movimento das estrelas.

É o instante antes do primeiro passo.
Aquele em que se tece
o fio para enfrentar o labirinto
e se segue por instinto
o rumo da intuição.

Atento ao timbre do tempo,
ao uivo do próprio vento,
o sopro da voz de dentro
te diz que esse é o momento.

Me fazem bem os precipícios
me dão nova dimensão
à qualidade do voar.
Faz força para baixo, para o chão,
quem quer saltar.

CAMPOS DE ARROZ

Viajei do outro lado do mundo
para aprender a te perder.

Percorri campos de arroz
encravados nas montanhas,
mergulhei nos rios gelados,
me misturei nos mercados
com gente que não conheço,
me perdi de mim mesma
nos pequenos povoados.

Comi a comida com as mãos
sentada na terra quente.
Fiz o que fazia toda gente
que sem saber me ensinava.
Aprendi novas palavras
cantei os hinos da espera
e durante a primavera
nadei nos lagos escuros
dormi no meio das matas
arranhei as mãos nos muros
numa busca insensata
de compreender os sinais.

Mas de mim se afastavam
todos os significados.
Fiquei à margem das coisas
seguindo pro lado errado.

Deus sabia porque via
que de mim tudo fugia
sem eu sequer perceber.
Abri as portas do sagrado,
fiz rezas e oferendas
para aprender a te perder.

Dancei a dança da noite
Entoei noventa mantras
dormi no frio e na chuva.
Caminhei quarenta dias
no meu deserto de dentro
meses de alienamento.
Fiz pacto com o firmamento
que me prometeu alívio
em troca da minha entrega.

Jurei que eu já não era
nada do que eu tinha sido
que era o momento preciso
da minha união com tudo.

Desintegrei o meu ser
e assim deixei de ser
para aprender a te perder.

SÓLIDA

Aprendi a ficar sólida depois de muitos meses de
chuva.
Porque funciona assim a solidez, vem devagar.
Devagar eu dizia pra ele na cama.
Devagar as rodas do carro atravessam o campo.
O campo. A água. A tempestade no campo,
depois de muitos meses de seca,
depois da aridez da terra rachando,
frestas e fendas abertas.
Os eixos das rodas gemiam.
Ele gemia. Eu sabia que ia me abandonar
antes de me contar sua história.
Cruzei os campos correndo, a chuva me batia na cara
raios cortavam o céu, ele vai me abandonar,
vai me abandonar, repeti febrilmente enquanto corria
segurando a barra do vestido rasgado.
Um homem vai me abandonar e eu abraço a
tempestade.

A WOUNDED MAN

I need a wounded man with a great sense of humor
and deep curiosity to tell me the name of things,
the significance of silence
and the expansion of pleasure.
An ordinary man and his music.

I wanted to kiss you with no particular importance
or consequence.
Then let you go.

This can't lay dormant.
A desire to hold you and the fear that comes with that.

Small things, unimportant things, imperfections.
Those are the qualities of my love.

UM CARA MACHUCADO

Preciso de um cara machucado, com muito senso
de humor
e uma curiosidade enorme pra me dizer o nome
das coisas, o significado do silêncio
e a expansão do prazer.
Um homem comum e sua música.

Quero beijar você sem qualquer importância
ou consequência
e depois deixar você ir.

Isso não pode ficar adormecido, o desejo de ter você e
o medo que esse sentimento traz.

Pequenas coisas, coisas desimportantes, imperfeições.
Essas são as qualidades do meu amor.

SURRENDER

If by chance a star joined our paths into this
imminent storm,
and if there's still a chance we can be saved, I will pray.

Even if in this millennium God has left us
in the middle of destruction and dissolution,
I will pray.

I am carrying a treasure and I need to protect it.

You never promised me anything and you never will.
If I behave like a strange woman it's because I lost
any trace of pride, I lost all notion of self
and I don't mind.

What I have to give seems more important now.

I traveled a long road, long nights
staring at the sky, searching for answers in the darkness.

I'm carrying an image of you that's not there anymore.
The stars are not there anymore. I pray to the emptiness.

An empty space is beautiful. An empty space is a
beginning.

ENTREGA

Se por acaso uma estrela juntou nossos caminhos
na iminência dessa tempestade,
e se ainda existir uma chance de sermos salvos,
eu rezo.

Mesmo se neste milênio Deus tenha nos deixado
no meio da destruição e do caos, eu rezo.

Eu carrego um tesouro e preciso protegê-lo.

Você nunca me prometeu nada e nunca vai prometer.
E se eu me comporto como uma mulher estranha é
porque perdi todo orgulho, perdi a noção de mim mesma
e não me importo.

O que eu tenho pra dar parece mais importante agora.

Viajei um longo caminho, longas noites
olhando o céu na escuridão, em busca de respostas.

A lembrança que carrego de você já não é mais você.
As estrelas já não estão lá. Eu rezo para o vazio.

Um espaço vazio é maravilhoso. Um espaço vazio é
o começo.

THE SHAPES OF THE TRUTH

I dive into lust and sorrow like a saint,
and because the nature of my spirit is religious,
I need to be a sinner.
There is exhilaration in the risk,
I'm dragged by my obsession.

I'm yours even if you don't take me
I was yours even before I knew you

I'll wait for the moment to meet you
with urgency and patience.
I'll wait carrying the idea of you.
The feeling of you under everything I do,
behind every thought, hidden in every word.

I'll keep going on, knowing that I'm yours,
inevitably yours, even if you don't take me.

AS FORMAS DA VERDADE

Mergulho em desejo e dor como uma santa,
e sou pecadora
porque a natureza do meu espírito é religiosa.
Vivo arrastada por minha obsessão,
sentindo a euforia que existe no risco.

Sou sua mesmo que você não me leve.
e já era sua mesmo antes de te conhecer

Vou esperar o momento de te encontrar
com urgência e paciência.
Vou esperar carregando comigo a ideia de você.
A sensação de você em qualquer coisa que eu faço,
atrás de cada pensamento, escondida em cada palavra.

E vou seguir sabendo que sou sua,
inevitavelmente sua, mesmo que você não me leve.

PRESENTE

O céu se abriu e um deus caiu na minha cama.
Não sei a quem agradecer esse imprevisível prazer,
Diana, Afrodite, Vênus, me digam ao menos,
o que fiz pra merecer esse destino?
Agora tenho só pra mim esse menino,
esse homem que a cada dia me surpreende.

Ele desvenda os segredos da minha alma
me revela o lado oculto da emoção.
Sabe tudo, fala pouco, é pura devoção.
Juntos inventamos nossa estrada.
O homem que eu amo é a minha morada.

Sigo as pistas que as deusas deixam no caminho.
E, para agradecer, obedeço a seus caprichos.
Elas me pedem contínua atenção,
exigem infinita gratidão
e não permitem que eu desperdice
sequer uma gota de loucura.

Faço tudo o que as deusas me ordenam
vivo o presente, a melhor, a mais bela aventura.

SEM PROMESSAS

Nós nunca nos prometemos amor pra sempre
não prometemos nada, simplesmente
fomos ficando juntos, e a cada dia
a vida nos trazia sua maravilha.

Juntos enfrentamos desafios e temporais
nadamos contra muita correnteza
não tivemos nunca dias iguais
mas infinitas mudanças e surpresas.

Somos agora mais fortes e belos, mais unidos
conhecedores de todos os perigos
amantes de um eterno recomeço,
sempre em busca do desconhecido.

Não prometemos nada, nem sabíamos
como seria apaixonante essa jornada,
quantas passagens teria o nosso rito.

Aprendemos a somar tantas vivências,
ficamos sábios de todas as ciências
por esse amor maior e infinito.

JUNTOS

Juntos na tempestade que virá
juntos no sol depois da chuva
juntos nessa floresta escura
abrindo caminho onde não havia.

Juntos na viagem do destino
na estrada para o desconhecido
descobrindo a secreta passagem
e a total abrangência de estar vivo.

Juntos no ritmo, no som e no silêncio
sabendo que o amor é transformador.
Juntos na chama que carregamos
com um brilho que ilumina o Universo.

SINGELO

Eu iria tão longe
pra poder te encontrar
eu fico tão forte
se você precisar
faço façanhas por você
movo montanhas por você
só com essa coisa tamanha
que eu sinto por você.

Se você me pedir
meu mundo é seu...
por você eu posso até
colorir de novo o céu
mudar as nuvens de lugar
encher de flor seu caminho
e pedir pro tempo não passar
quando a gente tá sozinho...

Reorganizei as estrelas
pra fazer o seu destino
se cruzar com o meu...
e aí deu no que deu
uma pequena semente
virou paixão permanente.

MISTURA

A gente ama devagar e tão completamente
que nem entende mais quem é um
e quem é o outro e qual a diferença.

As coisas, quando elas se misturam,
formam uma substância ainda melhor.
Nessa mistura o que somos permanece.

Sou eu ainda, indivíduo, e tenho ele comigo,
ele é o pedaço que me falta e me completa
e o que eu trago é o complemento dele.

Em mim ele tem tudo o que precisa,
nem sei mais o que é meu e o que é dele,
não tem divisa, mais, não tem contorno.

A gente adormece entrelaçado
nem sei de quem é a mão perto do peito
nem sei mais de quem são esses sonhos.

E nem dormir a gente quer, tempo roubado
das nossas horas de prazer, de tanta intimidade.
A gente quer amar e desfrutar e não parar.

Nenhum sonho é melhor que a realidade.

AMOR, ESTRANHO AMOR

Vim de Júpiter e começo de manhã a ser estranha.
Ele me entende, outros desejam tocar essa magia
que guardo em potes. Sirvo em silêncio em noites
de estrelas e lua crescente no primeiro dia.

Agora que sou farta, distribuo luminosidades
em abundância.
Ele me escuta. Há tanto tempo me acompanha
que já conhece
os caminhos mais secretos da floresta, o intrincado
do labirinto.
Sabe de cor todos os segredos, conhece o vento antes do
ruído.

Por ele dançam flores, sussurram pedras, se abrem
os rios.
Ele conhece o alvo e o movimento. Segura raios na
mão, atento
ao meu menor desejo, ao mais imperceptível sopro
do meu beijo,
e se prostra aos meus pés como o mais orgulhoso
dos guerreiros.

Fez de mim sua rainha, sua fada, sua doce conselheira.
Tudo o que digo ressoa longitudes, abrange os
pontos cardeais.
Cavalgo nele pelos campos e céus e suas asas são tão
leves, e suas raízes, profundas e primordiais.

Canto pra ele, jogo jogos, revelo tudo o que ele não sabia.
E a cada dia o surpreendo mais. Ele vive nesse encantamento.
Transforma tudo em mim e fez de mim seu destino.
E eu fiz dele o meu. Para o todo sempre e a cada momento.

BONS OBSERVADORES

Eu só quero os bons observadores
são esses os que realmente me interessam.
Aqueles que percebem as sutilezas mais discretas,
os que têm o humor correndo pelas veias
e um fascínio pelas coisas mais secretas.

Nos reconhecemos com facilidade,
sabemos códigos, somos uma espécie
de espiões de nós mesmos e da vida.
Nossa conduta é tão visível quanto clandestina,
tão cuidadosa quanto destemida.

Pra eles revelo as mais tentadoras surpresas.
Sou uma permanente atração, tudo em mim
é inusitado e delirante, tudo se mostra.
Mil reflexos tem o prisma do diamante.
Brilho infinito tem a alma exposta.

SUTIL

Tudo me atravessa, tenho sido
uma garota sutil na minha essência.
Neurociência de pensar na contramão
a escolha dos rumos, os caminhos que traço
não são da mais fácil compreensão.

Só para alguns na multidão que se destacam
porque prestam atenção ao delicado,
a esses, o segredo é revelado.
Eles descobrem a natureza do tesouro
e o divino do seu significado.

SHERAZADE MODERNA

Como uma Sherazade moderna,
que inventa histórias pra sobreviver,
conto uma a cada noite e tenho
mil e uma noites pela frente,
é preciso seduzir para entreter.

Sei o risco que me custa essa aventura
e sei também o imenso prazer.
Investigo os olhos das pessoas,
atenta a segredos que consigo ler
e cada um transformo num amigo.

Nada nesse mundo me dá medo,
pelo contrário, vou em busca do perigo.
Sei me adaptar bem a qualquer situação.
Trabalho com o mais fino dos engenhos,
com o talento de tocar o coração.

Trago memórias de um tempo distante
que aconteceu antes de eu ter vindo
são tantas as camadas que carrego.
Já fui bruxa em cima da fogueira
fui santa, cruzei mares, fui guerreira,

fiz tatuagens com símbolos sagrados,
fui escrava, fui vendida nos mercados,
fui cigana e escondi ouro na saia,

bailarina, dancei de graça nas praças,
pirata, naufraguei em outras praias.

Fui mendiga, espiã e fui amante
de alguém muito influente.
Já subi muito e muito de repente
e também já caí feio na sarjeta.
Já fui espalhafatosa e fui discreta.

Fui um anjo que caiu e fui poeta,
deusa em alguma mitologia,
papisa de uma sociedade secreta,
revolucionária, ativista e artista
de um teatro mambembe de revista.

Conheci todo tipo de amor
e sei que cometi todos os pecados.
Atravessei desertos e mares,
carreguei cruz nos altares
depois fui ao fundo do poço.

Trago marcas no pescoço
do mais belo dos vampiros,
que atravessou o tempo.
Deixei versos em papiros
e nas escrituras sagradas.

Posso contar minha jornada
lembrando cada camada
do que trago na memória
e assim vou sobrevivendo
de saber contar histórias.

ESTRELA DO ORIENTE

Minha bisavó se chamava Lea e levitava.
Vivia em Constantinopla e conhecia
os segredos da iniciação.
Ela sabia que o destino se escrevia
nas linhas da palma da mão.

Corria uma lenda em Istambul
que flutuava, era uma fada,
uma maga que falava por charadas,
guerreira na arte da dança,
dançarina no manejo das espadas.

Diziam que estava em todos os lugares,
que atravessava paredes e mares
e de tão bela que era, fazia milagres.
Bichos selvagens respeitavam sua presença,
gente vinha de longe tocar seus pés.

Lea lia a sorte nas xícaras dos cafés,
flertava com rapazes que fumavam narguilés.
Falava nove idiomas fluentemente,
francês, ladino, árabe, grego e aramaico
sânscrito, esperanto, turco e hebraico.
Estudava o Zohar, os sete livros,
conhecia teosofia, teologia, a mística
da cosmogonia e durante treze anos
silenciou sobre tudo o que sabia.

Ela desenhava arabescos detalhados
e escrevia com sementes de romãs.
Comia flores e mel, bebia orvalho
e com a ponta de seus dedos curava
delírios, obsessões e febres terçãs.

Lea era sedutora, como todas antes
foram e o serão depois, predestinadas
as mulheres da nossa família.
Pisamos descalças na mesma trilha,
sussurramos segredos há muitas gerações.
Despertamos alucinadas paixões
sem perceber. Temos todas o poder
de adivinhar e de escolher
o que queremos fazer acontecer.

CALEIDOSCÓPIO

Como te explicar meu estado de delírio?
Toco coisas que não alcanço e tudo se transforma.
Uma nova configuração se forma
e facilita minha visão.

Quando rearranjo as coisas,
tudo o que modifico me obedece
de um jeito novo.
O destino fica na minha mão.

Íntima da minha própria história,
estudo estratégia e proporção.
Sopro e tudo aflora
por instinto e intuição.

Então abro asas, me elevo do chão.
Flano por horas dentro do meu quarto,
até que ouso e ganho as ruas,
desfruto paisagens e multidão.

Ouço confidências, descubro vidas,
levito como fazia minha bisavó.
distribuo minha energia entre as pessoas
e faço companhia pra quem está só.

Encosto a mão num coração machucado,
passo e ouço vozes, pensamentos

e tomo mais cuidado se percebo
dor, fragilidade, desalento.

Faço o que posso diante do impossível.
Me alimento das menores margaridas,
me escondo atrás de coisas cotidianas.
Faço o possível pra passar despercebida.

Do céu recebo tudo o que preciso,
sinal, ajuda, proteção, aviso.
Redesenho e faço coisas de improviso
Não me requer esforço ou sabedoria.

A curiosidade me leva, o entusiasmo me guia.
Tudo o que não sei fazer, eu tento.
E, pra captar o que o cosmo irradia,
fico atenta a cada momento.

Tudo se modifica com o que invento
e flui, é fluxo, líquido, tudo experimenta
uma sensação de sublime leveza.

Como o mecanismo de um caleidoscópio,
tudo o que movimento muda de desenho
e me surpreende com sua inusitada beleza.

INDOCHINA

Frequentava casas de chá, especiarias.
Alguém diria, o ópio também é uma flor.
O que se faz por amor...
Você sabe as palavras que precisa
pronunciar, escolhe as chaves.

O suor do amor embaça a vidraça,
desaparece o mundo fora da janela.
As melhores coisas são sutis, secretas,
invioláveis em seus significados,
contêm uma delicadeza imensa
sem nunca perder todo o furor.

O que se faz por amor está além
do certo e do errado.
Paris, Ásia, Indochina,
todas as geografias do coração.
Ter o sexo como chama libertária
e o inconsciente como orientação.

Você respira. Mastiga folhas.
Lê a fumaça que se forma em espirais.
Decifra os sinais. Faz dos rituais
sua conexão.
O tempo ralenta sua passagem
sempre que você precisa.
E você escuta a brisa
O vento nos bambus uiva seu som.

Estranha princesa que esconde
sua realeza, fada que oculta
o seu dom.

TESÃO

Escolhi me apaixonar, tudo em volta
estava fora de lugar
Eu mesma, leviana e avoada,
decidi me jogar numa cilada.

Queria de cara aquela intimidade emocional
tão rara, aquela coisa passional,
aquela tara toda, aquele lance,
queria romance, tesão, adrenalina...
uma certa perdição bem feminina
até que percebi o alarme soar
a luz vermelha piscar: para, cai fora.
Esse não é o cara e nem agora é hora.

Mas, é claro, detesto bom senso,
detesto me sentir segura.
Olhei pra ele com a mais pura
das piores intenções.

O perigo é o meu melhor amigo,
aliado das minhas fortes emoções.
Escolhi me apaixonar e mergulhar
naquele mar enlouquecido,
no meio da fúria dos furacões.

UM CASO COM O DEMÔNIO

Tive um caso com um demônio
que se passava por anjo
e me deixei seduzir,
fui fazendo suas vontades,
delírios e desatinos,
os amores clandestinos
são uma espécie de elixir.

Mesmo antes que eu notasse
seu delicioso disfarce
percebi que ele blefava
e decidi ficar no jogo
fingindo que acreditava.

A cada passo que dava
sabia o risco de cair
e mesmo assim fui em frente.
Eu sabia exatamente
que jogava pra perder.

O impulso que me guiava
ia misturando meu medo
com a euforia de um segredo
que ninguém ia descobrir.
Fui desafiando a sorte
quando aprendi a mentir.

Fiz uma tatuagem
com o nome dele na coxa
escolhi a flor mais roxa
e coloquei no vestido
pra que ele me desejasse.
Eu brincava com o perigo
e oferecia a outra face.
A lua era testemunha
da loucura a que eu me expunha.

Tudo é sempre por um triz,
por um flash, faísca, sopro.
O tempo que nos pertence
é um fogo de artifício
de puro desejo e vício
de adrenalina e suspense.

Misto de céu e inferno
dias que parecem eternos
tantas noites sem juízo.
Todo demônio é um anjo
expulso do paraíso.

ECLIPSE

Pedaço de eclipse em lua cheia,
céu carregado de raios. Estrago.
Você conhece a alma das pessoas?
O que elas temem no dentro mais profundo,
o que não ousam, o que nunca confessam,
a face horrível, aquela
que nunca se revela?

Conhece o rasgo, o talho, a possibilidade de uivar?
Um calafrio.
E ela amou aquele homem só por amar.

IMPASSÍVEL

Requintado e impassível, ele me estrangula
com a meia preta.
Sou uma mulher de poucas aventuras
conduta discreta

mas nele pressenti o prenúncio de um crime
e fui à procura.
Quem foi aranha, quem foi inseto
nessa captura?

ENTRADA PRA PERDIÇÃO

Você conhece o rosto do seu monstro?
Sabe o lado escuro que ele habita?
Onde se esconde, onde machuca e onde facilita
sua entrada pra perdição?

Em qual escada você desce pro porão?
Com que vestido justo você vai e que batom?
O que exala de você, perfume de tesão?
E esse som, como se dança nesse tom?

Que luzes piscam que te atraem,
que olhares você evita?
que cara tem a sedução, ela é bonita?
A cidade brilha e te chama
e você vai, se deixa levar
ele te ama, essa noite, ele te ama...

Vai deixar rastros, vestígios, o seu desejo.
O dia vem e desmancha a fantasia
mas a lembrança dela te sustenta.
Qualquer loucura assim a gente inventa
pra não deixar a vida tão vazia.

FADA MALVADA

No meio da minha festa, ao pé da escada,
a fada malvada, que não foi convidada,
resolve aparecer assim do nada
e dizer uns desaforos.
O constrangimento foi desconcertante
quando ela, muito louca,
chegou bem perto, me deu um beijo na boca
e ainda me jogou na cara o *dry martini*.

É nesse instante que a classe se define.
Perdi a cabeça, armei um barraco tão gigante
que insistiram até em me dar um calmante
pra que eu parasse de dizer coisas horríveis,
enquanto ela chorava rastejante.
E mesmo nessa situação humilhante
ela ainda tentou me rogar uma maldição.

Não sou daquelas que se assustam facilmente
e não suporto nenhum tipo de ameaça.
Resolvo as coisas botando a mão na massa
e sempre que posso viro a mesa.
Quer saber? Não nasci pra ser princesa
e deixei bem claro pra tal fada malvada
que ela se meteu foi com a pessoa errada.

IRRACIONAL

A lógica de uma mulher você precisa
parar de tentar entender, ela não tem
nenhum tipo de mecanismo que te avisa
o que ela quer ou deixa de querer.

Mas ela acha que tem e dá um sinal
que você não sabe ver o que significa.
O que parece simples e normal
ela cria um emaranhado e complica.

Ela não fala, você tem que adivinhar
e não consegue entender quando ela explica,
aí de repente ela começa a se irritar
e tudo o que você faz, ela já implica.

Seu melhor argumento está perdido
o que ela diz é um código cifrado
e a culpa é sua por não ter entendido
o que a deixou de repente nesse estado.

MANUAL DO AMOR

Pra compreender uma mulher é preciso
pesquisar tudo o que é falta de juízo.
E sempre que achar que a entende
saber que ela muda de repente
e passa a não fazer o menor sentido.

Um calafrio, um sopro, um gemido,
tudo interfere em seu comportamento.
Nunca se sabe o que se espera dela
se vira o tempo com a direção do vento.

Seu desejo percorre escalas infinitas
vai num instante de um abismo a uma estrela
e vem sem manual, só códigos e hieróglifos
e não adianta esperar que ela nunca se revela.

Parece simples e intrincada, complexa e singela
e te levou à loucura naquele quarto de hotel,
onde foi da explosão de um rock pesado
à contenção do bolero de Ravel.

ARIADNE

Uma mulher quando sorri fora de hora
faz que tem sono e te olha como agora,
abrindo os braços devagar numa demora
de quem quer se atrasar...

Uma mulher quando parece estar brincando
parece que se joga e mesmo quando
fica séria de repente ou quase chora
e nem sabe explicar.

Ora insinua, ora esconde sua malícia,
faz que não quer, mas promete uma delícia,
até te deixar louco e por pouco,
por um triz, ela não diz o que ia dizer.
Ela quer que você adivinhe
o que ela pensa, saiba o que ela quer,
senão não seria uma mulher.
Ela quer que você leia
o que ela não revela
escreve numa teia
e te atropela
de tanta expectativa.

Você tenta compreender, ela não explica.
Você quer simplificar, ela complica.
Você precisa ler seu pensamento.
Uma mulher dá sinais contraditórios,

pistas erradas, nada se justifica
e você vai perdendo território.

Ela subverte a ordem do bom senso.
Desconcerta qualquer grau de raciocínio.
Argumenta a discussão como se o argumento
nunca dependesse da razão.

De você ela espera uma surpresa
exatamente igual ao que ela deseja.
A prova de fogo é desvendar o jogo.
Se ao menos você soubesse o que ela quer,
se compreendesse o emaranhado do desejo
se alguma coisa fizesse algum sentido,
ao invés de rebater, você daria um beijo,
tirando devagar o seu vestido.

MÚLTIPLA

Tenho várias caligrafias
uma pra cada fim
pois muito frequentemente
pessoas diferentes
se expressam dentro de mim.

São espíritos diversos
livres e libertários
cada um tem seu cenário
sua identidade secreta.
São as diversas facetas
que vivo a cada momento.

Nunca fui uma, sou várias
e consigo conciliar
uma pra cada sentimento
situação ou consciência,
me adapto a todas elas
sem nunca perder minha essência.

MARMOTA NA CHUVA

Ele me chama marmota na chuva
é setembro, estou descalça em algum lugar,
ele me diz *te adoro* no celular.

Depois eu choro entre travesseiros
assistindo a um filme na TV
onde o amor é todo feito de clichês.

Como deve se comportar uma mulher
quando não sabe exatamente que fazer?
Devia me preservar, me proteger?

Do outro lado da linha, ele repete
que quer me ver, que tem urgência.
A natureza íntima das coisas,
o que faz cada um ser o que é
chama-se essência.

Sei que me faria bem se eu escutasse
o que diz meu coração.
Fico confusa por opção,
fiz da minha vida uma configuração
complexa, complicada
vou onde me leva a paixão.

E quero mesmo ir correndo ao seu encontro
dançar na chuva e me abrigar feito marmota
dentro do seu abraço.

Não existe certo ou errado nessa hora.
Existe esse brincar na vida
que está em tudo o que faço.

CARMA

O I Ching me prometeu Heaven.
Heaven ele disse, Hexagrama Um.
Passei dias descalça sem comer,
mastiguei flores, acendi velas,
passou março, passaram as chuvas,
passou abril, segundo Eliot, o mais cruel dos meses.

Oscilei entre uma pressa alucinada e uma
paciência chinesa,
desmaiei diversas vezes, untei o corpo com óleo,
bebi água das rosas. Rezei.
Ele chegou no primeiro dia de maio e era o mais
belo dos homens.
Teve medo.
Eu não temia nada. Morri diversas vezes,
nunca me importei.
Disse a ele, não tenho nada a perder.
Subimos a montanha em silêncio.
Quando sentamos à sombra, ele finalmente
se atreveu a me olhar.

Tenho o espírito roubado, ele disse, e eu sabia
que aquele olhar o queimaria irreparavelmente.

Mais tarde dentro do primeiro abraço
a noção de perda o assustou.

Passaram meses, muitos, passou um ano inteiro,
antes que ele dissesse vem e quando disse,
tinha tamanha urgência, que eu sabia
que era o momento de ir pra aquele Heaven
prometido pelo I Ching.

E saí de casa calçando minha sandália,
o cabelo ainda molhado, repetindo
o endereço mentalmente,
checando sem parar o celular
e ele dizendo que mal podia esperar.

Tínhamos uma vasta correspondência. Nossos e-mails
falavam de entrega,
êxtase, transcendência.
Olhei o mapa do lugar, o GPS
como se pudesse se perder
quem já está perdida.

Repeti uma poesia bem comprida
pra me distrair.
Mas foi ele que repetiu meu nome
como um mantra enquanto me abraçava
e repetiu meu nome tantas vezes
que quase adormeci.

Pediu que eu abrisse os olhos e o olhasse de frente.
Fazia tudo tão intensamente que eu percebi

o leve grau de sua esquizofrenia.
E como eu também tinha meus transtornos
soube então que nosso encontro era destino
e que os deuses conspiravam essa união.

Eu queria causar boa impressão
e comecei a cantar num tom falsete
o que parecia quase um salmo religioso.
Não sei se isso o deixou um pouco ansioso
e ele começou a escrever obsessivamente
meu nome na parede
pra externar sua paixão.
Um gesto assim excede
qualquer conclusão.

Eu disse a ele que o conhecia
de alguma vida passada
e assim que o vi na calçada
meu amor foi instantâneo
imediato e absoluto.
Ele ficou meio puto
quando a parede acabou.

O nosso amor continua
atravessa algumas crises
mas somos muito felizes
como previa o I Ching.

E se às vezes não nos vemos
durante um bocado de tempo
porque estamos ocupados,
sabemos que na outra vida
estaremos lado a lado
e que é esse o nosso Dharma
a lei natural do meu Carma.

SOBRE A DIFÍCIL ARTE DE ESQUIVAR-SE

Passei por trás dos móveis com passinhos
que pareciam nipônicos, aquela gueixa
que eu sei ser quando preciso, muito sutil
olhos muito oblíquos. Deixo ele falar por mim
ou para mim ou de mim, pouco me importa,
tenho tantos compromissos internos
ocupadíssima que estou comigo mesma.

Podem me chamar que eu não vou,
telefonar não estou
Sou popular e não sou
aquela que pensam que eu pareço.

Sempre foi claro pra mim o meu avesso
e as circunstâncias que atravesso
com pouquíssimas palavras.
Não posso me restringir, tenho várias vidas
pra viver, muitas pessoas pra ser,
uma porção de coisas pra fazer,
cuidar de todas as minhas intimidades,
observar os movimentos do céu
e as lagartixas em cima da minha mesa.

Não posso me deixar levar pela enxurrada
tenho que cuidar dessas delicadezas.

FALSA GUEIXA

Essa gueixa está em mim, meio sorriso
passinhos tortos e muito delicados
nada nela evoca o pecado
no corpo tão diminuto
e cada gesto parece desatento,
mas dizem que no pequeno está o veneno
e um pouco dele é o que nos dá alento.

Dela exala uma promessa de elixir
perfume de lichia e cerejeira
parece frágil, vulnerável, à beira
de ser sua, fácil de seduzir.
Você a agarra, achando o jogo ganho,
e de repente ela para, te encara
e seu sorriso já não existe mais.
Com movimento exato levanta a mão
te dobra, te joga no chão
num truque de artes marciais.

INTENÇÃO

Você me escreve bilhetes
pequenos recados, lembretes
fala de amor e repete
o quanto você me quer.

Eu só às vezes respondo
inconstante, mesmo quando
acredito estar amando
como faz toda mulher.

Prometo que dessa vez
vou ser pura sensatez
e jogar esse xadrez
mais coerente e preciso.

Por me sentir tão querida
resolvo tomar medida
juro estruturar minha vida
assim que tiver juízo.

POR UM TRIZ

Senti que ia deixar me convencer
tenho coxas grossas, costumo ceder
cometo enganos, alguns inconcebíveis
alguns incontestáveis, outros fáceis de prever.
Há fantasias que não suportam a luz do dia
viver requer risco e paciência
ele usa hábeis estratagemas,
tem ciência. O metódico sistema
de conquista que resolve o mais errático
problema. Eu acho o tema surrealista
mas sei que vou ceder e, antes mesmo
que ele insista, me vejo já encantada,
transformo o nada em quase nada
e depois em alguma coisa e quando vejo
já estou empenhada no primeiro beijo
e já confusa e mais uma vez vou desabotoar
a blusa sem pensar nas consequências.
Sou para mim mesma uma surpresa.
A vida é por um triz e que assim seja.

GOLPE BAIXO

Me armei do meu melhor sorriso
apesar de estar tensa e nervosa
botei o meu vestido mais preciso
justo, preto e curto, calcinha rosa.

Encontrei você na porta do cinema
de um filme que não me interessava,
fiz de conta que não tinha problema
e aceitei a sugestão que você dava.

Fingi que não tinha nada contra
de passar *en passant* no seu apê,
me fiz de distraída e um pouco tonta
no elevador subindo com você.

Dei uma de total desentendida
na escolha da vodca on the rocks,
a música era a minha preferida
e debrucei naquele tampo inox.

Molhar a roupa foi proposital,
apesar de ser meio desastrada.
Li na revista que é bem sensual
pro homem ver uma roupa molhada.

Usei todos os truques que sabia
pra ser a presa dessa sua cilada.

Mostrei surpresa com sua ousadia
de quem não esperava uma cantada.

Me deixei dominar por seu abraço
seu beijo foi mesmo uma maravilha.
Sem você perceber eu dei o laço
que me deixou cair na sua armadilha.

ALUNA DE FLAMENCO

Ele se apaixona pela aluna de flamenco,
que chora descendo a escada,
porque foi abandonada
pelo noivo, um bailarino,
que por sua vez se encantou
com aquela garota francesa,
que sempre quis ser atriz
e trabalhar na TV,
e por isso foi pra cama
com o diretor de teatro
que chegou numa turnê,
o qual, depois ela descobre,
estava tendo um affair
com o ator da companhia,
que amava secretamente
o professor de flamenco,
que há muitos anos sofria
de paixão não revelada,
por uma aluna da escola,
que era noiva de um idiota,
porque, por alguma razão,
os noivos sempre são
uns idiotas evidentes.
E ela simplesmente
quando foi abandonada,
partiu para Andaluzia,
passou por vários amantes,
e depois de muitos anos

de noites em claro e bebida,
intensas paixões, desatinos,
se sentindo consumida,
virou uma lenda gitana,
com suas olheiras profundas,
suas aulas de flamenco
e seu consumado drama.

CINEGRAFISTA

Só me permiti pensar em sexo depois que o avião decolou e todas as formalidades, táxi, horário, passagem, passaporte, decisões, telefonemas, compromissos, se acumularam numa montanha que ia diminuindo de tamanho à medida que o avião subia.
Na primeira imagem que me veio à cabeça, ele me chupava da maneira mais delicada que um homem pode chupar uma mulher, e eu agradeci a Deus por ter colocado esse cara no meu caminho numa tarde cinzenta de domingo, num lugar onde havia pouquíssimas chances de uma mulher encontrar um homem.
Tínhamos nos visto apenas uma vez, e eu acabava de largar casa e emprego e pegava um avião para ir morar com ele. Não tinha uma noção exata de sua profissão, ele me disse que abrigava refugiados de guerra e os ajudava a sair do Afeganistão, e era cinegrafista, se não me engano, e tinha perdido a câmera na explosão de um armazém, e se digo tudo isso coberto de uma certa névoa, é porque assim o recebi, porque, quando ele me contou, eu tinha a cabeça tonta de duas doses de grapa e porque, enquanto o ouvia, pensava coisas vagas, resultado do timbre baixo de sua voz, sua má dicção, do teor alcoólico da grapa e de sua mão que começava a me subir pelo joelho.
Foi por causa do joelho, aliás, que ele abaixou a cabeça. Disse que queria olhar meus joelhos ou que eu tinha

joelhos bonitos, não lembro nunca as palavras que ele usa.

Sou uma mulher fraca, extraordinariamente fraca em questões de sexo. Cedo por princípio, porque sempre me parece irremediável, parece a última vez, se confunde com a morte. Sempre me entrego. Seja para quem for. E a maioria deles se assusta com a carga do meu sentimento. A minha intensidade os deixa reservados, e eles se distanciam.

Ele não. Ele começou a me beijar devagar e, quando amanheceu, ainda me beijava. A maneira como me puxou pra abrir minhas pernas, rasgou um pouco minha saia e ele quis se desculpar, eu disse deixa, eu costuro depois e fechei os olhos para sempre.

Agora abro os olhos e vejo na janela do avião um céu que deve ser o de Belgrado. Menti para ele, não costurei a saia, guardei aquele rasgo como um marco na minha vida, a razão para deixar emprego, amigos e mudar para esse país que não conheço.

Ele nem sabe que estou vindo. Tenho planos de fazer uma surpresa. Com o tempo, posso arrumar um emprego, talvez como garçonete, e juntar dinheiro para comprar uma nova câmera para ele, se é que entendi direito e ele realmente disse cinegrafista.

DE ROMA

Do hotel de Roma ela te manda uma mensagem
sembra confusa e lo è, si è scatenata per te
ti sfida, sconvolta, a venire
ed ancora una volta la fai soffrire
perché ormai lei sa che non verrai.
Dice che si è buttata nelle braccia
di uno che la lascia e adesso se ne va.
E poi di colpo, cambia tutta sfiziosa
dice chi se ne frega, quel che sarà, sarà...

DE ROMA

Do hotel de Roma ela te manda uma mensagem,
parece confusa e é, desenfreada, doida por você
te desafia, alterada, a vir
e mais uma vez você a faz sofrer
porque ela sabe que você não vem.
Diz que se jogou nos braços de alguém
que agora vai embora e a abandona ao deus-dará.
E depois, de repente, voluntariosa, ela muda
diz que não se importa e que o que será, será...

ANDERSON

Recorto das cartas de Anderson as palavras que
me elogiam
e risco tudo o que ele disse sobre meu egocentrismo,
usando termos como solipsismo, egotista
e outros de pouco encanto,
com o objetivo de minar
minha autoestima.

Só porque deixei Anderson plantado no aeroporto,
quando prometi abandonar o meu marido,
ele agora se perde pelo mundo
exercendo profissões de pouco brilho,
numa forçada espécie de exílio
que ele se impôs sem a menor coerência
e que não traduz a sua inteligência.

Ele me escreve de todos os lugares,
recebo vasta correspondência,
com selos que considero exóticos.
E às vezes, de um jeito caótico,
faz menção à nossa relação
cita nossos jogos eróticos
como uma recordação.

Acho isso um apelo sem razão
e sem nenhum valor sentimental.
Anderson se acha genial
mas é medíocre como autor.

De suas palavras só recorto
as que me fazem sentir melhor.

Nunca respondo.
Jamais mandei um só bilhete,
nenhuma frase que me comprometa.
Escrevo com as palavras recortadas
das cartas de Anderson a minha versão
da nossa história, sob o meu ponto de vista
e nada do que ele diz me intimida.
Sou uma heroína moderna, praticamente
protagonista da minha vida.

DECEPÇÃO

Sonhei com você e não disse
com medo de parecer
mais uma dessas tolices
que inventa uma mulher
só pra chamar atenção.

Foi um sonho cheio de tesão
e passei por você com meu segredo
com um pouco de vergonha e medo
de você descobrir. Resolvi sorrir
pra tentar disfarçar.

Fico achando que a gente transpira
o que sente. Sentimento é transparente
qualquer um consegue ler no olhar.
Por isso baixei os olhos ao passar
por você e continuei ansiosa
tentando não demonstrar
o quanto eu tava nervosa,
me sentindo intimidada.
Mas você não falou nada
nem sequer disse bom dia
e nem me deu passagem
na porta do elevador.
Isso me doeu demais
depois dessa noite de amor.

CIÚME DOENTIO

Francisco diz que meu ciúme é doentio,
em volta dele vejo cleópatras no cio
e evas mordendo maçãs.
Sinto essa febre terçã
cada vez que ele conversa
com qualquer uma na festa
e ainda se faz de inocente.
Francisco me acha demente
me acha uma alucinada.
Toda mulher é alterada
se um homem é dissimulado,
mas ele vê o meu estado
e ainda assim continua.
Ele diz, fica na sua,
que eu não tô fazendo nada,
você tá tão enganada...
Ele pensa que eu sou cega
faz tudo e depois nega,
dizendo que eu sou maluca.
Mas Francisco me machuca
e parece que nem liga,
qualquer coisa vira briga
e o pior é que ele ganha.
Fica um monte de piranha
perto dele na disputa,
se eu falo que é tudo puta
ele defende as mocinhas.
É um monte de galinha

ciscando aquilo que é meu.
Será que ele comeu
aquela loira peituda?
E eu aqui sou a chifruda
das mentiras que ele inventa?
Ele diz que não me aguenta,
se eu não parar se separa,
mas Francisco é minha tara,
minha paixão absoluta,
ameaço tomar cicuta
se ele me abandonar.
Aí ele vem, me dá um anel
jura pra mim que é fiel
e eu prometo acreditar.

LOUCA

Meu desejo por você me torna vulnerável
um ponto fraco é facilmente detectável
quando se trata de tesão.
Vivo na expectativa febril de uma emoção,
leio seus sinais, gestos, olhares
e transformo tudo em fantasias noturnas
com as mais doces preliminares...

Passo a frequentar os mesmos bares,
louca pra te encontrar, ficar ao teu lado
e poder te dizer tudo o que sinto
sem qualquer medo de rejeição.
Mas não consigo e fica tudo complicado
e quanto mais carrego esse segredo
mais me intoxico nessa obsessão.

NOITADA

Amanhece na cidade, durmo pouco
me percorrem certos prazeres proibidos,
transito em mundos que parecem divertidos
com a incoerência de buscar algum sentido.

O que você me diz parece tão sincero
parece necessário, me sinto tão perdida...
quero mudar o itinerário da minha vida
agora mesmo nessa madrugada
e essa decisão é mandatória.
Mas logo me distraio e esqueço quando ouço
alguém me contando a sua história.

Por que pensar em coisa complicada
se a música é boa e essa balada promete?
Eu já sei que toda a história se repete
e nem sequer acho a coerência uma virtude.
Pensei, tentei, fiz o melhor que pude,
deu no que deu, mas que importância tem?

Alguém que eu nem conheço me puxa pelo braço
enquanto alguém me oferece uma bebida.
Coerência, explico, é lembrar meu endereço
mesmo depois de uma noite tão comprida.

EFEITOS ESPECIAIS

Do bar ele me leva pra sua casa
abre um champanhe e elogia meu vestido
brinca com o zíper e parece decidido
a fazer nossa noitada continuar.

Deslizo pelas sombras, me insinuo
entre almofadas, plumas e serpentes
pareço fácil, doce, inconsequente
com estranho brilho vindo do luar.

Alguma coisa em mim o deixa nervoso
é incapaz de acompanhar meu raciocínio
minha risada lhe parece um desatino
e percebe uma faísca em meu olhar.

Ouve um barulho e tem um sobressalto
não ousa me dizer o que o intimida
procura achar coragem na bebida
não sabe o que fazer pra relaxar.

Toma todo o champanhe, serve outra taça,
não sabe entender o que o arrepia
nem porque o medo lhe parece urgente,
se mexe aos sustos como quem desvia
seu alvo da destreza do meu dardo.
Enfim ele se paralisa de repente
ao ver que me transformo lentamente
até atingir a forma de um guepardo.

DISSIMULADO

Você se esconde de medo
de revelar seu segredo
e coloca uma camada
que não te protege de nada
mas te deixa mais exposto
que se mostrasse seu rosto.

Se sente seguro encoberto
e o seu lado mais esperto
vai ganhando confiança
enquanto você avança
num caminho subterrâneo.
E é esse seu engano
você não quer que se veja
a sua parte que rasteja
e que se torna insidiosa.

Sua intenção é perigosa
e ao mesmo tempo aparente
e por mais que você tente
encobrir tudo o que sente
fingindo que é sincero,
eu me afasto inocente
e te deixo simplesmente
dançar seu próprio bolero.

DOMÍNIO

Te dei três dias sem meu domínio
pra você se recompor e ter
essa ilusão de liberdade.
Agora chega. Quero de volta
a compulsão, a devoção
de seu comportamento.
Exijo seu pensamento
por inteiro, exijo fome,
noites sem dormir, sufoco, cio.
Exijo perturbação,
quero que minha ausência doa
de maneira insuportável,
que se torne um vício, uma obsessão.
E você se entregue, sem resistência,
sem ter mais nada a perder,
se arrastando de paixão.

REFINARIAS

Uma valquíria avassaladora invadiu a vida dele
e desde então
ele recita versos indecorosos pelas escadas do edifício.
Um homem só. Um homem tão solitário que assim
que o vi pensei em sexo.
Ele nunca mais será o mesmo depois disso.
Há de prostrar-se a meus pés em cada aeroporto.
Tomaremos
aviões inesperados, sem bagagem.
Ele estará sempre pronto, sempre atento ao meu lado,
doentiamente servil.

Ela usava um vestido azul de plástico e uma cruz no
peito. Pareceu-lhe uma santa,
dessas que poderiam pisar em cima dele
com saltos finos pontiagudos.
Quis imediatamente que ela lhe batesse na cara,
dissesse coisas horríveis.
Um homem percebe quando uma mulher se presta a
tudo.
Ele percebeu que ela era a mulher de sua vida.
Com o grau de devassidão adequado à sua fraqueza.
Livros são pistas, ele disse, tentando rasgar-lhe o
vestido de plástico.
Ela riu. Ria. Ri.
Fraquezas são aparentes como os dentes.

Um homem taciturno se flagela. Cilícios na alma,
na cintura.
Um homem busca desesperado um pecado. Um
pecado qualquer que o alivie.
Depois de dez minutos eu já era a mais ordinária das
mulheres e o queria para mim.
Ah, eu o queria de uma maneira tão exclusa. Tão
eclusa, reclusa,
de uma maneira tão fechada entre quatro paredes.
Tão sem vista para lugar nenhum.
Ali o que havia para se ver estava dentro.
Dentro do escuro fundo atravessado.

Chorei depois. Ajoelhei aos pés da cama e chorei
durante dias.
Chovia sem parar na cidade de São Paulo.
Pedi a Deus que aquele homem se arrastasse por mim,
denegrido por mim, livre de todo orgulho, disforme
de qualquer identidade, um homem quase feminino,
quase
o menino mais feio do bairro. Pedi a Deus que fosse
meu.

Desde que ela se foi ele reage como um louco.
Traços de pura esquizofrenia em seu comportamento.
Relata viagens que não fez a vizinhos que não ouvem.
Mente, camufla, dissimula. Quer coisas que não há.

Seu amigo diz que essa mulher nunca existiu. Como
se explica então aquela marca?
Magenta, sanguínea, bem no meio de suas costas.

Faria tudo por ele. Tudo o que uma mulher perdida
faz por um desconhecido.
Me fecharia em pequenos hotéis nas montanhas
e ouviria suas histórias.
Sua mãe, seu pai, o menino. Atravessaria noites
escutando confidências.
Travessias insones.
Os anéis circulares do tempo nunca sobrepostos.
Acompanharia todos os seus movimentos. Contida.
Como se fosse grega,
vestisse luto ou ouvisse ópera.

Deixaria que ele me acariciasse o seio, os órgãos
genitais. Limparia seus óculos,
beijaria seus pés, recitaria Lorca, Dante, De la Barca.
Quando ele quisesse.
Quando ele quisesse de mim alguma coisa, eu o faria
sofrer o quanto ele precisa.

Há várias maneiras de ser dissimulado, ele usa todas.
Não gosto dele, não gosto dele.
E, se me entrego assim, é porque sou de uma lascívia
inconsequente.
Voraz foi a palavra que ele usou.

Ele usa palavras. Eu uso palavras. Ele me deseja. Eu o desejo. Ele é tímido. Eu sou tímida.
Nos defendemos. Mas existe por trás de tudo isso um movimento cruel,
uma dança desesperada. Isso me interessa.
A dor mais antiga do homem. O poço.

É inverno. Talvez ao lado dele seja sempre inverno como nesse instante
em que quase não sofro por não alcançar o mesmo gesto que a mãe dele
não fez e nem outras palavras que flagro nele.

Fui categórica e disse aqui tudo que é permitido. Seu medo de rejeição me comovia.
Por favor goste de mim, ele suplica. Gosto, gosto, respondo com impaciência
gesticulando e andando pela casa.
Fechei a porta do banheiro na cara dele, ele falou qualquer coisa sobre amebas.
Nem respondi.
Todos querem isso, pensei apoiando a mão na testa e o cotovelo no joelho.
Simples como o xixi que escorria. Por favor goste de mim.
Minutos depois ele tinha a cabeça no meu colo, gemia.
Eu o acaricio, afago, mas sei que todo gesto é perdido.
Estamos no final do século e gestos se perderam,

palavras se perderam
como as portas fechadas das casas noturnas
abandonadas.
Eu posso amá-lo. Sem dúvida nenhuma, eu posso amá-lo.

Ele me faz usar pronomes, conjecturas.
Comportamentos que eu não usaria.
Escolheu ser uma pessoa antiquada. Exulta se o vejo
deprimido.
Se esconde nas palavras, dribla ideias. Seu escudo é a
submissão.
Toda vez que o enxoto ele volta e se deita nas minhas
costas.
A mim não me engana. O olhar lascivo, libidinoso.
Se atirou em cima de mim, me virou pra parede,
disse a coisa mais feia que já ouvi.

E eu lá, estatelada, prensada no corpo desse homem,
vítima que me torno
de minhas próprias vítimas, fiquei.
Passaram carros, passou caminhão de lixo e eu fiquei.
O corpo dele contra o meu e eu fiquei.
Não vou negar que gosto porque gosto.
Ambiguidade é o meu lado mais forte, capaz de tudo
como sou.
É o cara mais fraco que encontrei, por isso fico.
Redescubro a cada dia sua fraqueza, dentro dos armários
revirando suas roupas íntimas, lembranças.

Seu passado não me interessa, gritei e comecei a rasgar cartas, fotos,
toda aquela tralha que ele guardava com cuidado.
Em dois dias eu tinha destruído seus arquivos, uma vida.
Sua vida começa agora, ordenei que se deitasse nu no escuro e que temesse.
A única coisa que me pediu foi pra eu nunca mais raspar as axilas.

Declinarei, declinarás, *la vida es sueño*, há tanto tempo te desejo e me contenho
e repito que não devo e me detenho, que já não aguento mais versos assim.
Telefono de madrugada pra casa dele. O telefone toca, toca.
Tenho a língua empapada, me sinto morrer. E febre, isso e febre, febre.
Não sou como ele, que não faz sexo há oito meses.

Me machuca, pediu. Obedeci com cuidado. Posso ser cruel sem me dar conta.
Ele bebeu demais. Mais, pediu, machuca mais. Era a primeira vez e nós não tínhamos
nenhuma intimidade. Ali havia lodo, lama. Esse poço é pequeno demais para nós dois.
Saí e o deixei só com seus fantasmas.

Você vai me telefonar todos os dias desse novo século, ela diz e enfia chicletes na boca.
O suéter apertado marcando os seios, a cintura.
Ela mete a mão no meio das coxas dele só pra se deliciar com o susto.
Masca aquela merda de chiclete sem o menor pudor.
Mulheres vão e vêm na vida de cada um. Com essa ele nem sabe o que quer.
As outras o tratam com a devida deferência.
Geralmente preparam o café da manhã.
Ele pensa nas outras, pensa nelas pra se defender dessa, a pior de todas.
As pernas dela, os joelhos. Ele lamberia tudo. Ela mastiga.

Eu mudo muito. Setecentas expressões vão passar pelo meu rosto esta noite.
Várias mulheres, várias, posso ser todas.
Perguntei você gosta de mim? e nem ouvi a resposta.
Falei demais.
Inútil pra quem vai terminar a noite escorregada no tapete.
Imagens de nenhum refinamento.
As fantasias me transportam pra meandros que outra no meu lugar não ousaria.
Me deixo ir.

Let's get lost e vamos conhecer outros desvios.

Detour em vermelho escrito na porta me basta
para entrar.
Depois agradeço a Deus a raça humana ser tão
variada e específica.
Detesto generalidades. Você é banal, ele me disse
depois do meu discurso.
Isso não é tudo, respondi. Engordo nos quadris, tenho
coxas grossas e sofro com isso.
Nem com setecentos homens dizendo que me adoram
eu me convenço.
Ainda tenho setecentas caras que não revelo,
mas já sofro menos por ser tão desorganizada.

Tento a cada manhã organizar o caos. Tenho me
perdido frequentemente.
Tenho sido tão menos do que sou, durmo tão pouco.
Os homens passam por mim e eu os adoro pra
sempre.
Sou devotada a ponto de beijar suas feridas, desde que
me deixem em paz.
Somente no próximo século serei famosa.
Uma obscura mulher do século passado que escrevia
coisas assim.

Você vai rir de mim? Perguntei diversas vezes ansiosa
e perguntei mais uma vez
até perceber que ele já ria, estava rindo dele, de mim,
de Deus, daquela loucura

que nos acometeu dentro do apartamento.
Ele também repete as mesmas coisas. Não conclui uma só ideia, é insuportável.
Talvez um jogo pra afastar o instante. Defesas.
Mulheres se surpreendem com a confissão de um homem tão contido.
Um homem que escancara a face horrível.

MULHERES

Não vou dizer o nome dele
para não o comprometer
você sabe quem é,
mas é bom saber
que a culpa não foi dele
foi quase toda minha...
É a mulher que tem esse poder
é ela essa erva daninha
que pega um carinha inocente
promete que fica pra sempre
e ele acredita e deixa
e acaba que se entrega.
E aí aquela gueixa
num instante se transforma
e tudo o que disse, nega.
O anjo tem outra forma
tem outra filosofia.
De noite paixão selvagem
Mas, quando amanhece o dia,
ela disse que ficava
mas tá é só de passagem...
E enquanto ele tá dormindo
dá um beijinho na testa
vai embora e segue viagem.

NO AVIÃO

Discreta e aventureira a minha fada
escreve em aviões versos inúteis,
mistura religiões e coisas fúteis,
parece bela, porém desesperada.

Já sabe que escolheu a rota errada
e anota numa espécie de diário
que esse foi um *wrong* itinerário
e o cara que escolheu não valia nada.

Mulheres erram, constata arrependida,
na paixão deixam de ser inteligentes
e, se pegam um sujeito inconsequente,
aí se sentem mais sozinhas e perdidas.

E no meio de nuvens e pensamentos,
olhando o mar pela janela, ela percebe
um olhar que cruza o dela e agora segue
e a atinge como uma leve flecha ao vento.

Foi o acaso que preparou essa surpresa
ela se anima e arruma a alça do vestido
e sem pensar sorri pra um desconhecido
achando a vida de repente uma beleza.

SEXO EXPLÍCITO

Porque sou uma pessoa de caráter
resolvo abandonar o meu marido
e morar com você,
mas assim que passa a euforia
perto do sétimo dia
depois que voltamos do México
percebo que falta química.
Não foi uma coisa lógica
achar essa emoção única
naquele *weekend* idílico,
champanhe no copo de acrílico
foi o primeiro sinal.
Achei que seria ético
tornar o romance público
por uma questão moral.
Mas o meu senso crítico
misturado ao meu estético
não suportou te ver bêbado
em cima do trio elétrico.
Quando tudo o que eu queria
era um momento mais lírico
você me falou do seu fígado
e me contou do seu médico
e que ia fazer ginástica
que tava se achando flácido.
A verdade é que foi péssimo
do ponto de vista físico
na hora do sexo explícito.

E sem nem falar do seu hálito
quando tava muito próximo.
Não quero fazer uma crônica
de um engano assim tão básico.
Prefiro dizer que foi válido
que você teve seu mérito
mesmo que todo diálogo
tenha sido só ilusório.
Um monólogo solitário
de uma mulher que foi crédula
e se envolveu com um otário.

MESSENGER

As senhas que você usa não me interessam
nem mesmo a sua gaveta eu quebro abrir
deleto suas mensagens, fotos, vídeos e bobagens
você pode desistir.

Vou me livrar de todos os meus aplicativos
não aguento mais a sua enchente de motivos
pra se conectar comigo
me deixa em paz.

Não tenho tempo pra seguir seja quem for
não posso responder a essa avalanche
fica na sua, cuida da sua vida
aqui é sem chance.

ALIADO

Os truques dele são elementares
são os que usei antes de ser sofisticada
virando a meu favor seu argumento
e fazendo ele cair em sua cilada.

A vida é uma constante de surpresas
a cada dia uma coisa inesperada
e é essa a delícia da aventura
ir aprendendo o grande jogo na jornada.

Porque presto atenção nada me escapa,
aprender a observar é a grande recompensa,
o tempo é um aliado que revela
a dimensão do que se é e daquilo que se pensa.

ETERNO RETORNO

Eu devo confessar
esse cara não foi nada
um jeito de passar uma noite
que já começou errada,
confusões de uma mulher.

Um cara telefona
e você quer outro que não veio
vai numa festa que é um mico
fica de saco bem cheio
fica com esse que não tem nada a ver,
ganhar um é melhor do que perder
e qualquer coisa é melhor que nada...

Só que no fim da noite
é você que está perdida
e faz confissões pro cara
já arrependida de fazer...
Fez tudo demais e mais do que devia
e nenhuma ducha fria
vai resolver...

Depois, quando vem o dia
e a coisa fica clara,
fica tudo com uma cara
que se você pudesse,
ó Jesus, nem olharia.

Seis da tarde você promete
na hora da ave-maria
jura que não repete
a mesma baixaria,
a mesma estupidez.

Mas quem você quer não vem
nem lembra que você existe...
e você vai ficando tão triste,
se sentindo tão sozinha
que resolve dar uma animada.
Bota uma boa maquiagem
uma roupa bem colada
e liga pro cara de ontem
pra uma nova noitada.

FINTA

Invadido por ela, que deixa a porta aberta
a corrente de ar pela janela
de repente uma mulher inesperada como aquela
se deita sem pudor
se desmascara e mostra.

Mas mesmo assim exposta e nua,
ela continua secreta e *nascosta.*
Mais escondida está, quanto mais finge
que se entrega, mais ele quer
entrar no jogo e aposta
sabendo que vai perder
e ela o devora lentamente
como faz toda mulher.

INEVITÁVEL

Fui dar pra esse cara logo de cara
já sabendo que não ia dar em nada
que seria uma cilada transar,
a coisa mais errada que eu podia fazer.

Mas de repente deu tão certo,
nosso encaixe esperto
o jeito dele apaixonado
grudado em mim num abraço
sem fim, um descompasso
de tanta surpresa.

E foi tudo ficando liquefeito
aquele efeito perfeito da fusão
do sólido em plena combustão,
doçura extrema misturada
com o mais sublime tesão
mas mesmo assim eu sabia
que tudo isso um dia iria
inevitável e simplesmente
arrebentar meu coração.

KISSING IN PUBLIC PLACES

Stolen moments, stolen kisses,
she steals facts from life
and misses the point.
She misses pieces of her soul
and her goals.
She forgets her book
in the bench of the park,
she forgets her luggage
in the carrousel at the airport.

She's only a girl and does
what girls usually do
she's just crazy about you.

Kissing in public places means
that there's no life in spaces in between
you get distracted and get lost
and not mind if you don't have direction.
Love this man or not.
This is the question.

BEIJANDO EM LUGARES PÚBLICOS

Momentos roubados, beijos roubados
ela rouba fatos da vida

e perde o foco e o fio
frágil que a segura,
perde pedaços da alma
e seus objetivos.
Ela esquece seu livro
no banco do parque,
esquece a mala
na esteira do aeroporto.

Ela é louca por você e o que ela faz
é o que as mulheres sempre fazem
quando amam assim.

Beijar em lugares públicos significa
que não existe vida nos intervalos
da ação, que você vive distraída
e é pura perdição, total perda de noção.
Tá perdida e nem se importa
de não ter mais direção.
Amar ou não amar esse homem,
eis a questão.

WETNESS

4 a.m., restless, full moon
I said yes, yes, a thousand times yes.

He asked if I was a dangerous woman
when really I was a woman in danger.
A siren, he said.
Deeper, go deeper
I said: I'm the ocean.
He drowned.

UMIDADE

Quatro da madrugada, inquieta, lua cheia
eu disse sim, sim, milhares de vezes sim.

Ele perguntou se eu era uma mulher perigosa
quando na verdade eu era uma mulher em perigo.
Uma sereia, ele disse.
Mergulha mais fundo
eu disse: sou o oceano.
Ele se afogou.

SE

Se eu pudesse te dar esse adágio do Mahler,
essa pequena mancha das minhas costas...
se eu soubesse algumas das respostas
que você procura.

Se você fosse o cara e eu dançasse
leve e nua, numa noite como essa.
Se pudesse acontecer o que a gente
quer que aconteça...

Eu escolheria um aroma inusitado,
um vestido decotado, alguma doce tara
Eu te diria o que tenho sonhado
Se você fosse o cara
Se você fosse o cara
Se você fosse
o cara.

INVERSÕES

Me deixei apaixonar
a superfície parecia irregular
decerto a história não seria linear
mesmo assim abri os braços
com prazer para o conflito
se existe sagrado no maldito
a inversão pode virar sistema.

Mais uma vez a loucura como tema,
mais uma vez a escolha da cilada
eternamente uma mulher confusa
que não para de sorrir
tentando encontrar uma estrada
que a conduza
como se ela soubesse pra onde ir.

LEVE E LEVIANA

Ela vive tão leviana
cada vez que se apaixona
ela deita em qualquer cama
e cada atitude que toma
a enreda mais nessa trama
onde ela se abandona.

Vítima dos seus vícios
dos seus delírios e inventos
ela cria sonhos postiços
feitos de fragmentos
de cacos e de remendos.

E assim vai escrevendo
novas partes da sua história
certas cenas permanecem
em algum lugar da memória
e de vez em quando aparecem.

Por isso ela sorri por dentro
pensa que tudo evapora
o que foi e o que virá.
Só fica o aqui e agora
e ela só vive onde está.

O AMANTE

O amante chega antes da hora,
na excitação da expectativa
sente a agonia da espera.

Mesmo sabendo que ela vem, prepara ciladas
pra si mesmo, inventa
cenas trágicas, porque precisa sofrer, precisa disso
como um alimento.

A ansiedade do amante é visível,
inúmeros cafés, papéis riscados,
gestos inúteis, contínuos movimentos.
Por que o tempo escorre tão lento
e assim tão repleto de incertezas?

Ela vem, ela vem. Ela tem esse dom
de atrasar e depois transformar
com sua chegada, com sua presença
iluminada, o cinza de um dia qualquer.
A visão lisérgica, o vislumbre
da mulher que se ama
que tira a roupa devagar,
alheia ao que é capaz de causar.

E ele, o amante, que esperou até agora,
a olha no mais puro encantamento
sabe que é tão breve esse momento
e ela só pode ficar por uma hora.

O quarto de hotel se transforma,
abre as portas do nirvana
e duas vezes por semana
ele fica nesse estado,
cada segundo é sagrado
no corpo dessa mulher.

Depois ela vai embora
interrompe a sinfonia
some o rastro de magia
daquela mulher nua.
Entra a vida lá de fora
volta o cinza, a tarde fria
e o amante enfrenta a rua.

DOCEMENTE

Ela criava asas
perdia poemas pela casa
Descontínua. Delirava
em pleno abril. Você lembra
que a amava, ela chorava,
mulheres choram. Um dia em Paris
você diz que vai embora
e ela chora, chora, chora.

Mas antes disso o fotograma da banheira.
Ela nua, bela como nunca
mais você a verá. Porque depois
você pega o táxi pro aeroporto
e põe um ponto final nesse romance.

Um anjo torto observa de relance
a luz que muda de repente,
enquanto você a fotografa
obsessivamente
para fixar uma imagem
que sabe que irá perder.
Não vai sobrar nada na memória.
Nada dela, nada dessa história, nada.
Você sabe.

Você nunca mais vai pensar nela.
Ela chora sentada na cama
E, para a consolar, você diz pra ela:

"É como se eu jogasse um Vermeer pela janela..."
E é exatamente nesse instante que ela nota
que está chorando por causa de um idiota.

POR CAUSA DE VOCÊ

Falo mais do que eu queria
bebo mais do que devia
tentando te esquecer
até emagreço porque esqueço
de comer

Alguém vai dizer que eu exagero
se alguém soubesse o que eu quero
porque adoro esse cara
porque vivo com essa tara
sem conseguir me livrar

Ando descalça na rua
de noite uivo pra lua
só por causa de você
tomo saquê com *lichy*
vodca, gim e kiwi
e choro no karaoke

Compro um monte de calcinhas
com rendas, laços, tirinhas
on-line no sex shop
depois te chamo pra um chope
você some e não responde
não sei onde nem como
te localizar

Meu terapeuta me disse
pra eu tentar me controlar
mas nesse estado em que eu vivo
preciso de um aditivo
pra ajudar.
Ele insiste que eu desista
e inclua você na lista
do que eu quero superar,
ele me acha uma idiota
que só fala de uma coisa
e repete a mesma nota

Entrei a esmo numa igreja
tomei um copo de água-benta
e acendi treze velas
pra pedir esse milagre,
mas vi um anúncio no poste
de uma clarividente
que traz de volta o amor,
e também me deram um toque
de tentar o santo-daime
pra resolver minha aflição,
ou apelar pra despacho
pra receita ou simpatia
rasgar sua fotografia
pra aliviar o coração.

Desfazer a tatuagem
do seu nome nas minhas costas
parar de mandar mensagem
que nunca teve resposta
arrancar a sua imagem
impressa dentro de mim
e dizer finalmente
que nós chegamos ao fim.

BALADA

Praticamente já esqueci seu rosto
e nem penso mais em você frequentemente,
minha vida anda tão leve, tão completa
que lembrar de você nem afeta
mais o meu sistema, nem significa nada.
Não sou mais aquela idiota apaixonada
que enchia a sua caixa com mensagens.

Mudei a cor do cabelo, fiz nova tatuagem
me visto de um jeito diferente,
ando com gente mais interessante.
Não sou mais aquela coitada
que te amava enlouquecida.

Mudei de vida.
Adoraria que você me visse agora
Sorrindo, bronzeada.
Vou te mandar uma foto minha
beijando esse outro cara,
só pra você entender que aquela tara
que eu tinha por você passou.

Não tô nem mais aí, agora eu tô aqui
distribuindo amor pra uns caras que conheço
só pra você ver como eu te esqueço
como já te risquei do mapa.
Não sou mais aquela babaca
que vivia dando mole pra você.

Posso até lembrar, de vez em quando,
aquela tua pegada
tua voz dizendo coisas no meu ouvido,
aquele tom feroz do teu gemido,
o encaixe do teu corpo com o meu.
Já doeu, só que agora
pode até doer que tanto faz...

Eu não sou mais
aquela que ligava chorando
sem conseguir dormir,
passando mil vezes
na frente da sua casa
pra ver você sair.

Agora passo a noite acordada
bebendo na balada, dançando sem parar.
E se às vezes lembro do teu beijo,
da tua boca e fico louca de vontade,
pode até pintar uma puta saudade,
mas acabou, não significa nada...

Porque eu juro que nunca mais
vou te querer como eu te quis.
E te mando agora minha foto
aqui da balada, dando muita risada
só pra você ver como eu tô feliz.

GUERREIRAS

As mulheres que você ama
parecem todas bacanas
lindas, modernas e fortes
parece que apontam pro norte
uma flecha de diana
e o arco do corpo se dobra
na direção do sul.

Todas têm muito de azul,
de vermelho e amarelo,
explodem de tanto cabelo
de valquírias a cavalo,
se movimentam no estalo
dos barulhos da floresta
e eu as espio pela fresta
do meu quarto inacabado.

Aqui dentro tudo é lento
tudo é prático e seguro,
janelas com venezianas,
e elas, atrás do muro,
correm soltas e ciganas.
Atravessam latitudes
longitudes, meridianas.
São guerreiras de desertos
de florestas e impérios,
donas da liberdade...

e eu leio livros tão sérios
sem nunca sair da cidade.

NÓS DOIS

Por um triz, um fio, um quase nada
uma fração de segundo e eu daria
uma virada tremenda na vida,
eu já tava descolada, gata escaldada,
mas dessa vez parecia outra vez
uma chance perdida.

Ele era o cara ou talvez mais um cara,
mas eu tava decidida
a arriscar e jogar pra ganhar
e transar sem pensar se valia a investida.

E se, também dessa vez, eu for me machucar,
o que se há de fazer?
Melhor viver o que vier e sofrer depois
do que nunca saber o tesão que ia ser
só nós dois.

DELITO

Cometemos grave delito porque depois
dormimos abraçados
e esse foi nosso maior pecado
compartilhar o sono.

Só o amor permite esse prazer
querer ficar, permanecer
depois da fúria e do cansaço
e desfrutar desse profundo abraço
– momento mais pleno –

cometemos um delito de amor,
meu moreno.

MADRUGADA

Pela janela, olho a noite e tomo bourbon,
acendo velas e abro livros aleatoriamente,
praticando a velha arte da adivinhação
que consiste em decifrar o significado das palavras
de acordo com a situação.

Concluí coisas diversas e complexas demais para
repetir agora,
que já se passaram horas,
o bourbon faz efeito, os livros ficam pesados
e velas, assim como paixões, se extinguem.

Decido não dormir. Nessa hora
uma cidade intensa vibra na noite.
Essa é a hora das corujas, dos vampiros,
dos animais noturnos, dos empregos noturnos,
dos serviços noturnos, dos telefonemas
de socorro, das mensagens
escritas com tesão e desespero.

É a hora das baladas, dos encontros
das buscas, do alienamento
das bulas dos medicamentos
da invenção de emoções
com prazo de validade vencido.

Hora do êxtase, do excesso,
do amortecimento dos sentidos,

do efeito das pílulas prateadas
sexo, feito coisa desgarrada.

Hora das paixões sem rumo,
amores que não deram certo,
hora dos suicidas, loucos, poetas,
do bandido e do refém.
Um gesto de ajuda de um herói anônimo.
Uma estação vazia, o último trem.

Hora dos sonhos arrebentados,
do confronto com uma enorme solidão,
das buscas de algum alívio
irremediável e sem solução.

Há histórias demais atrás das janelas
dos apartamentos dessa cidade.
Não achei nos livros nenhuma resposta
nenhuma promessa, nenhum alento.
Divido minha compaixão e o céu,
indiferente ao meu sentimento,
parece nem me ouvir.

Nessa madrugada sem estrelas,
uma mulher tira o vestido
precisa urgente dormir.

A HORA DA ESCOLHA

Se esse amor estava escrito
do jeito que aconteceu,
uso meu livre-arbítrio
para enfrentar o previsto,
me livrar desse desejo
da doçura do seu beijo
e é por isso que resisto.

Dentro de mim um misto
de tentação e conflito.
Se todo amor é bendito
por que esse me devora?
O que é que eu faço agora
se nem o céu me protege?
Qual o astro que me rege
num momento tão difícil?

Se foi obra do destino
eu agora o desafio
como alguém que de repente
muda o curso de um rio,
enfrenta a sua corrente
e desafia a natureza.

Você provocou, com certeza
e me pegou de surpresa
com uma paixão impulsiva.
Foi sua a tentativa

de me seduzir aquele dia,
quando tudo parecia
estar sob o meu controle,
acabei te dando mole
e me deixei apaixonar.

Aqui o ciclo termina
como se uma vacina
me livrasse da doença,
da sombra da sua presença
constante em tudo o que faço.

Só a sensação permanece
da doçura de um abraço
que meu corpo não esquece.

ESTAÇÕES

Tenho a cumplicidade de um céu
que me pede paciência
numa noite de verão
eu queimo por dentro
e queimo tudo o que me cerca.
Abro o coração
E me atiro sem medo
nessa história que imagino
esteja escrita já no meu destino.
Temos um céu que nos protege
e nosso desejo ilumina as estrelas.
O pacto que fizemos
teve a lua por testemunha.

Somos amantes e o céu de outono
parece abençoar nossa união,
nosso tesão sagrado
nosso sexo em comunhão.
Alguém vela por nós,
alguém reza por nós
alguma coisa maior
nos coloca nesse estado.

Agora o inverno chega, o céu
já conhece nossa história
como uma marca na mão,
e o tempo nos separa

e transforma nossa espera
em saudade e aflição.

Pode ser que essa paixão
não chegue na primavera
não vire a curva do rio
porque agora tá tão frio
o céu parece distante
e nos olha sem emoção.

É o tempo da indiferença
sou eu sem a sua presença
sem seu calor ao meu lado.
Já não somos o que fomos
agora é a estação da ausência,
debaixo do céu do abandono.

JANELA

Assim, sem qualquer motivo,
por um perfume no ar
por uma eletricidade
na vibração da cidade
e a vontade de escapar,
roubo umas horas do tempo
e me deixo molhar
com a chuva na janela.

Que agora vira aquela
onde a cortina voava,
era moldura do cinza
que cobria toda a paisagem,
que de fora nos olhava
enquanto a gente se amava.

Saber lembrar é uma arte.
Flores amarelas, lençóis
memórias emocionais
daquelas tardes sem pressa
dentro de um apartamento,
um amor feito tão lento
atento a todo detalhe,
pequenas gotas da chuva
outras gotas de suor,
delicados movimentos,
mesmo aqueles mais violentos.

Hoje já não te amo.
Não mais daquela maneira.
O tempo passa e dissolve
sentimentos e envolve
tudo numa nebulosa.

A vida continua deliciosa.
Outras tardes me absorvem
com encantamento e magia.
e lembrar me traz momentos
de uma indizível euforia.

Uma história como a nossa
nunca se perderia
se não existissem tantas
em todo lugar espalhadas,
tanta vida, tanta estrada,
tantos acontecimentos,
tantos amores possíveis
com histórias como aquela,
novas flores amarelas,
novas chuvas, novos cheiros
outro tipo de euforia.

Mais uma vez é janeiro
e tudo muda, é verdade,
mudou minha vida e a sua
mudou a própria cidade,

só ficou na minha memória
o reflexo naquela janela
da gente se amando de tarde.

PROPOSTA

Se a vida é por um triz
e tanto faz
como você diz
eu quero mais.

Essa proposta talvez
te assuste um pouco
talvez te delicie,
ambígua é a nossa natureza.
vamos entrar nesse lugar
onde você costuma guardar
seus mais secretos sentimentos
e transformar a partir desse instante
a nossa realidade.
Vamos entrar na intimidade
mais louca e delirante.

A liberdade que proponho pode assustar.
Vem embarcar dentro de um sonho
pra nenhum lugar...

SINAPSE

Quero roubar teu tempo
teu desejo de mim, se é que existe
roubar alguma coisa triste
que você lembre da infância
e transformar em dança
em desejo de erupção.

Ser teu sexo, teu vulcão
tua índole pra coisas duvidosas
ser a parte criminosa
do teu lado bom.

Existir entre as pausas
da tua respiração.
Me apoderar do espaço
entre os teus gestos.
Deixar evidente que eu me presto
a qualquer coisa
que você tiver em mente.

Ser correspondente a cada
impulso teu, a cada instinto.
Ocupar a tua desordem
tudo o que em você
é labirinto, é perdição.

Derrotar todo o teu não,
tua dúvida, tua contravontade,

roubar todo fogo que te invade
toda fúria, todo íntimo proibido.

E finalmente revelar algum sentido
preencher toda lacuna do mistério
e ser tudo o que sou,
tudo o que somos
inventar qualquer forma de amor
pra isso que nos devora
e deixar tudo explodir
aqui e agora.

FUGIDIA

Uma coisa fugidia, uma fração
de tempo incompleta
um lance tão pequeno,
um beijo roubado sem romance
sem nem sequer a chance
de ser mais do que isso
o toque quase imperceptível
da sua pele, tão breve e leve
rápido como quem pisca
uma cintila, uma faísca
um fotograma
aquele instante
em que pinta o tesão,
percorre a espinha
o frisson da emoção.
Aquele preciso momento
em que nasce o desejo
quase sem querer
quase sem perceber
num mínimo beijo.

FIM DE TARDE NA ESTRADA

O sol no vidro do carro
deixei que ele me beijasse
a mão levantando a saia
a estrada passando mais lenta
os campos de girassóis,
pó, poeira, passarada,
a mão na coxa suada
aquele calor sem brisa
silêncio de grandes distâncias.
A gente dizendo nada
a linha reta da estrada
olhando pela janela
a mesma monotonia
aquela vida parada
meio besta de interior
e aquela mão que subia
na minha coxa e mexia
e eu ficando molhada
e o sol no vidro do carro
aumentando meu calor
a penugem mais dourada
conforme batia a luz
e na paisagem da estrada
o verde, a terra, o campo
em cima do morro uma cruz
escrito na pedra Jesus.

CORAÇÃO MACHUCADO

Pra um coração machucado
qualquer amor é um perigo
o corpo pede cuidado
a alma pede um amigo

É um tempo delicado
de recuperar sentimentos
juntar cacos e fragmentos
pra superar esse estado

É preciso resiliência
pra poder se reinventar
recuperar confiança
e voltar a acreditar

que existe uma ciência
uma força superior
aquela que rege e cuida
das vítimas do amor.

DESESPERO

O desespero exala dela como um perfume
e ela disfarça com um tom de voz mais alto,
um belo salto e uma atitude cheia de humor.
Parece querer dizer: eu sou melhor que vocês,
minha tirada é crítica, é cítrica, todos adoram
a minha desfaçatez, minhas frases contumazes
atingem como flechas, cada uma de uma vez.
Minha ironia é de puro veneno, eu vivo grande
e vocês vivem pequeno.

Eu vivo numa festa permanente, tudo o que faço
é sempre inconsequente, o que vier eu traço,
e vou em frente nessa balada, cheia de gente,
dançando sem parar. Só quero dançar e beber e rir
até a última gota do existir. Só quero ser essa mulher
que eu aparento e me mostrar pro mundo.
Porque aquilo que eu sou no fundo,
eu não aguento.

TRÁGICAS

Uma se fecha na garagem, dentro do carro,
liga o motor, acende o último cigarro,
outra se atira pela janela
num voo lento e solitário.
Depois aquela foi se cortando aos poucos
escrevendo uma longa carta ininteligível,
a outra encheu os bolsos de pedras
entrou no rio e se deixou afogar.

Tantas mulheres se matam devagar
pela impossibilidade de avançar
no território de tamanha dor.
Deixam palavras, revelam
a fina trama de sensações
e sentimentos, a percepção
de cada momento que nos une agora
e continua unindo as que ainda virão.

No desenho dessas almas delicadas
se forma uma constelação.

ÚLTIMA NOITE

Para Ariclê Perez

Ninguém nessa noite de domingo
pra te dar um telefonema.
Ninguém que saiba a extensão da pena
que você tem de você,
o tamanho da ausência
sua vida, essa clara falência
do seu ponto de vista...
Ninguém que se lembre de ligar
nenhuma pista do seu estado
dessa dor contínua
um estilete cravado
sem um instante de alívio.

Uma cidade em volta de você
e nenhum verdadeiro motivo
pra continuar
ninguém lembrou de te ligar
nem haveria
nada pra dizer
não mais, nunca mais, nada mais
a perder.

É lenta a decisão, pausada.
Anoitece em São Paulo
e uma espécie de calma te invade.
Você e toda a cidade
a seus pés.

Você cercada de edifícios
e começa a chover.

Então era só isso
tudo o que tinha que ser?

Acaba assim essa cena?
Uma mulher sozinha cercada de concreto
e nenhum telefonema.

Uma mulher no patamar de uma janela
decide o que fazer.
Uma atriz por um triz, você diz
e ri da rima. A cidade vista de cima
é o cenário dessa peça
que agora começa e termina.

Esse é o retrato de uma mulher
em seu último ato.
Ela respira e abre os braços em cruz,
como quem deixa de ter um peso qualquer...
E se atira num voo, se lança na luz
nessa difícil arte de morrer.

ANJOS DA NOITE

Anjos da noite
dentro dos becos
dessa cidade
ouvem as preces
dos solitários
e já conhecem
nossos destinos.

Vão caminhando
do nosso lado
pelas vielas
e ruas escuras
e algumas vezes
quando parece
quase impossível
eles seguram
as nossas mãos.

Dentro da noite
eles entendem
os nossos sonhos
e acompanham
as nossas crises
e quando é muita
nossa aflição
eles sussurram
coisas serenas.
E esse é o sopro

do invisível
que nos acalma
o coração.

ANJOS DISTRAÍDOS

para Clô Orozco

Onde estavam os anjos quando você se atirou?
Por que não sussurraram, esses anjos distraídos
uma canção em seus ouvidos
um sopro, uma poesia?

Que diferença faria
se sua queda fosse lenta
como o voo de um flamingo
que fragmentasse o tempo
a tempo de a gravidade
poder deixar de existir?

Se esses anjos escutassem
um leve bater de asas
devagar te segurassem
nesse teu voo final...

Revisito agora, um flash de memória
onde você comprava
flores brancas em Paris
e vou fixar essa imagem
de você, numa outra viagem,
em um tempo mais feliz.

OCORRÊNCIA

Quando Elisa se matou, todos dissemos
como era brutal, feroz, desnecessário
o acontecimento.
E por que a poesia não a acompanhava
naquele momento,
em que ela mais precisava?

Como no fundo fomos todos atingidos
pela mesma consternação do sem sentido
nenhum que ali havia.
Que espécie de dor impossível poderia
dar um motivo, uma justificativa
pra essa busca de alívio?

Veio a polícia, veio a perícia, Elisa parecia
uma investigação feita à revelia
de qualquer ser humano.
Nenhum bilhete, chamado ou elucidação,
apenas um atestado, de rotina, sem emoção.
Um corpo no chão, coberto com um pano.

PERMANÊNCIA

Quando eu for embora, que meu cheiro permaneça
que fique o som da minha voz e pareça
uma canção que você lembra toda hora.
Que exista um calor, uma temperatura
específica na minha presença, que você
continue sentindo depois que eu for embora.

Que o seu desejo por mim seja constante e cresça
Que eu esteja em tudo o que você tocar.
Que fiquem gestos meus nas suas mãos
alguma coisa minha imprecisa,
mancha invisível na sua camisa
na sua pele, no seu coração.

Que os meus olhos atravessem as paredes
e te encontrem onde quer que você esteja.
Que seja sempre o gosto da minha boca
em qualquer boca que você beija.
Seja meu rosto, meu corpo seu abrigo
quando você não estiver comigo.

Que venha de mim sua emoção.
que eu seja a última possibilidade
de algum sentimento de verdade.
Que eu seja a coisa mais presente
a única que realmente importa
depois que eu passar por aquela porta.

BASFOND – CANÇÃO DO ANJO CAÍDO

O anjo tá tocando um velho blues
no meio da fumaça contra a luz
nem lembra mais como era o paraíso.
Aqui é outro lugar e é preciso
se jogar em alguma coisa que pulse,
inventar qualquer nova emoção.

Ele sabe que tá na contramão.
Acende a sua vela nas duas pontas.
O som que toca nessa vibração,
nessa noite de verão me deixa tonta.
Eu danço sem parar, quero dançar
uma noite sem fim que não termina,
me sinto alucinar, o olhar dele me fulmina.
Vou pro bar e o anjo me procura
preciso de outro drinque e de aventura.

Pra que juízo? No paraíso só tem desconhecido,
nenhum amigo meu condenaria a minha opção.
O rock rola solto no porão, o anjo que frequenta
esse basfond me dá um beijo, segura minha cintura
e me prende num abraço.
Quero da vida o divino da loucura
e um som de atingir o espaço.

CAZUZA

Trazemos dentro o sagrado e o profano
às vezes isso se desequilibra
e vence o nosso lado mais mundano.
A vida se transforma numa festa aparente
som, euforia, loucura, gente,
mistura de tudo o que se tem em frente,
consumo voraz de todos os venenos,
no dia seguinte um gosto amargo na boca
e na cabeça toca vida louca
vida breve...
e a gente deixa que um demônio nos leve
e nos tire pra dançar.
Eu te disse os anjos não frequentam esse lugar,
você desceu as escadas
cantando versos lindos e ferozes
que foram repetidos por milhares de vozes
e ainda são...

e ainda hoje trago você em meu coração.
Canto qualquer canção que você fez
desafiando a dor de ter te perdido.
Sua poesia faz cada vez maior sentido
é uma luz permanente no horizonte.
Eu vi o anjo que beijou a sua fronte
e eu te disse: escuta o que ele te sussurra,
presta atenção no sopro dele em seu ouvido.
Você me disse: já não me sinto tão perdido
e foi aquele o nosso último abraço.

Não me desfaço dessa imagem
e nem daquela no fundo da garagem,
quando te vi pela primeira vez
bonito como o fogo, pura chama,
catarse e explosão,
mistura de doçura e de total tesão
que ainda trago comigo.

Quando se perde um amigo
sobram alguns fragmentos,
alguns arrependimentos
ideias não concluídas.

Você me mandou um recado
dizendo que tava cercado
dos anjos que eu tinha dito,
que continuaram a seu lado,
com você nesse infinito
entre o profano e o sagrado.

QUANDO MORRI

Não me perdoaram ter morrido, me disseram
por que morreu tão cedo, tão nova, tão bonita?
Soltei as asas que eu mantinha escondidas
e percorri as superfícies mais difíceis.

Nunca fui fácil de entender, ele sabia.
Fiz as escolhas mais inusitadas.
Fui deixando tantas pistas no caminho
pra que pudessem decifrar minhas charadas.

Mas precisei morrer pra que a extensão do meu voo
fosse finalmente compreendida
e livre assim, desgarrada de tudo,
senti que minha missão tava cumprida.

Depois de morrer foi um prazer tão grande
começar a viver minha própria vida.

SAPATO VERMELHO

Pedi a Deus um sapato vermelho,
um sapato vermelho, meias e um amante
que me arrancasse dessa vidinha.

Chovia lá fora. Eu olhava pela janela
os automóveis, os guarda-chuvas, as pessoas.

Veste a galocha pra sair, Ritinha.
Gritou minha avó lá da cozinha,
ignorando meus devaneios.

Saí na chuva pensando em Deus
e nos meus sapatos feios.

O ANJO

pra Mário Quintana

Onde quer que você esteja
veja só o que acontece
a sua poesia continua
por aqui ninguém te esquece.

E agora você anda
por aí nesse Universo
achando rima pra verso
perplexo feito criança
diante de cada mistério

brincando e às vezes sério
com humor e melancolia
sua sutil sabedoria
nota coisas tão pequenas
que outro não notaria.

E aqueles, os que ficaram
por aqui, nessa passagem
sentem no céu esse anjo
que você sempre escondia,
olham com amor pras estrelas
e te desejam boa viagem.

M.K.

For someone who was born before the devil, you left too soon, babe.
I thought death wouldn't dare to face you. The lady has no idea
who's she dealing with.

Midnight dancing has a sweet smell of desire.
Life can be simple: love, sex, death & conga players.
There are jasmines and grapefruits and the wind that blows your hair.

Some piano notes somewhere.
I still love you and I'll love you forever.
Sweet strong and frail man in disguise, transformer of souls.

I know everything you felt, every thought you had,
the way you laughed, the joy and pain you kept mysterious.
And I smile at your smile,
the knowing secret of our intuition.

You brought up my best, my strenght, my ability to be crazy and delirious.
You gave me more that I can thank you for,
my accomplice, master, larger than life magician.

M.K.

Pra quem nasceu antes do demônio, você foi embora
muito cedo.
Nunca achei que a morte ousaria te encarar. Ela não
tem ideia
de com quem está lidando.

A dança da meia-noite tem o doce perfume do desejo.
A vida pode ser simples: amor, sexo, morte e
tocadores
de conga.
Há jasmins e grapefruits e o vento que sopra em seu
cabelo.

Algumas notas de um piano ao longe.
Eu ainda te amo e vou te amar pra sempre.
Doce forte e frágil homem disfarçado, transformador
de almas.

Eu sei tudo o que você sentiu, cada pensamento seu,
seu jeito de rir, a alegria e a dor do seu mistério.
E sorri com você, nós dois sabendo o segredo da
nossa intuição.

Você trouxe minha força, o meu melhor, minha
habilidade
de ser louca e delirante.
E me deu mais do que eu posso agradecer,
meu cúmplice, mágico, mestre maior que a vida.

O MEU GURU

O meu guru frequentava
um pequeno teatro no centro
com plateias vazias
andava no frio
com as mãos no bolso
contava o troco
e quando o dinheiro dava
chamava os amigos para cantar
num velho piano de um bar decadente.
Eram artistas que sonhavam
com uma glória que não veio
enquanto envelheciam
usavam roupas que passaram de moda
e casacos que cheiravam a naftalina.

O meu guru compreendia
o cerne da humanidade
e o deus esquecido que havia
dentro de cada um.
Transpirava compaixão
nos seus momentos mais lúcidos,
quando não falava sozinho
nas ruas pela noite
praguejando indignado
com o mundo.

Quando não se revoltava
com a desatenção dos homens,

ele os compreendia
como só mesmo Deus
poderia compreender
e os perdoava
como só mesmo mães
perdoam filhos,
mesmo com o coração doendo.

O meu guru tinha a alma cheia de cortes
cicatrizes expostas para quem
sabe enxergar o invisível.
E por ter cometido todos os pecados
sabia vislumbrar
a mais sub-reptícia sombra
em cada olhar.
Ele sabia.

O meu guru sabia cantar tão bem
e conhecia a alma humana como ninguém.
Mas escondia sua luz dentro do seu casaco
e se perdia misturado na multidão.
Foi um esforço reconhecer seu rosto.
Tive que percorrer muitos países
olhar nos olhos de todos os homens
beijar muitas bocas.
Ler as sagradas escrituras
árida e obsessiva
pisar descalça em brasas

jejuar, comer flores
perguntar infinitamente ao espaço
sem ter resposta até o momento
em que o reconheci.
Desde então tudo é milagre.
Vivo de luz.

UNS

Alguns de nós foram, enquanto alguns
ficaram quietos nos seus mesmos lugares
alguns de nós ficaram uns, ficaram singulares
alguns ficamos nós e outros
se foram interestelares

alguns, escrevo agora nos muros da cidade
pra que leiam todos os que passarem
alguns parecem poucos e são milhares
e milhares e milhares e sempre uns

e ainda não somos o que seremos, o que será
e existe em nós tudo o que houve, tudo o que há.

MINHA MÃE

Minha mãe me mandou um maço
de louros no sonho.

Guardei na mala. Senti uma dor
tão grande, a dor de não poder
falar com ela mais uma vez.

De manhã lembrei do sonho,
achei que era um belo sinal
o seu significado.

Sentei numa pedra no jardim,
inundada por uma luz
que só poderia vir dela.

SERENA

A mão de Deus nas minhas costas me acalma
encosto a cabeça e deixo que a vida me leve
vem dele tudo o que faço
e só faço por ele.

A mão de Deus nas minhas costas
e nesse abraço
todas as respostas.

PERDA

Se perdem gestos, cartas de amor, malas, parentes.
Se perdem empregos, cidades, países, amigos.
Romances perdidos, objetos perdidos histórias se perdem...

Se perde o que fomos e o que queríamos ser.
Se perde o momento.
Mas não existe perda, existe movimento.

LOSS

We lose gestures, love letters, luggage, relatives.
We lose jobs, cities, countries, best friends.
Lost romances, lost objects, stories are lost...

We lose what we were and what we want to be.
We lose ourselves, we lose the moment.
But there's no loss, there is only movement.

MANTRA

Tenho dado um longo aprendizado à palavra espera.
Ela é quieta, outonal e se armazena
de uma paz oriental, zen.
Sabe que tudo o que vai, vem
e o melhor de tudo é o momento.
Ela está entre o que foi e o que virá.
E compreende que não existe perda,
existe movimento.

Tenho dado um sentido à palavra espera
que nada tem a ver com a dimensão do tempo.
Respondo a ritos ancestrais e continuo
entre o ar parado, a brisa e o vento.
Avanço em espirais, repasso e repito:
não existe perda, existe movimento.

PARA ONDE VAI O TEMPO?

Para onde vai o tempo depois que passa por nós?
Chega em um ponto de passagem, como um rio em sua foz?
E desemboca num imenso, onde já não existe tempo
existe uma outra essência, uma outra qualidade
uma espécie de abrangência, uma absoluta verdade?

Deve ser lá nesse espaço, onde o tempo flutua
no meio dos planetas, dos asteroides e das luas,
que ele fica se deliciando, depois da missão cumprida,
e pode ficar descansando pro resto de todas as vidas.

O TEMPO DO AMOR

E pra onde vai o amor depois que ele passa por nós?

Pra onde vai nossa voz? Tudo aquilo que dissemos,
a música que criamos... o que fomos ou pensamos?
Onde isso está agora? E o que significa a demora?
a nossa espera do tempo, se o tempo é soberano?

Será que é só um outro plano que acontece
ao mesmo tempo, de vários planos de vidas?

Mas o que isso importa, se quando estou sem você
as horas se arrastam e parecem tão compridas.
E no entanto ao seu lado, tudo é um sopro, um segundo,
uma faísca de tempo que quando vi, já passou...

E agora que estou sozinha,
querendo que volte o momento,
aquele tempo que eu tinha,
tua pele junto da minha,
teu corpo no meu movimento.

Onde é que tá esse plano, pra eu vivê-lo de novo?
revivendo aquele beijo, aquele tesão todo?

Eu não tenho uma lembrança, o que eu tenho é

um sentimento
que se ativa com um vento e volta a qualquer momento,
nossas noites perfumadas e meladas de calor.

Depois que o amor passa, pra onde vai o amor?

NINGUÉM ENSINA

Ninguém ensina o que fazer quando o amor termina.
pra onde ir na hora do abandono, o que fazer nas
noites sem sono
e sem a presença, quando a cama vazia é tão fria...

Ninguém ensina o que dizer na hora do adeus, como
reagir
a um corte tão brutal, como respirar, como suportar
como aprender a não morrer um pouco...

Não nos ensinam a superar. A gente mesmo com o
coração
arrebentado precisa adivinhar, escolher qual o
caminho
quando não existe mais nenhum lugar.

Não nos ensinam a resistir quando a dor nos ataca
de frente
nem a parar de pensar obsessivamente em quem
nos machucou
e nem como juntar o pouco que restou.

SORTE

Se aquela estrela
vela por nós
será que escuta
a minha voz?

E me ajuda
a atravessar
a noite escura
que vai passar.

Pode estar escrito
em algum lugar
ou a gente escreve
ao caminhar...

pra vencer o medo
seja do que for
a força que eu tenho
vem desse amor...

minha estrela guia
e o que tiver que ser
a gente olha o céu
pra agradecer.

SOZINHO NA CIDADE

Pra onde ela foi a cidade que eu tinha
e tudo o que era meu.
Eu tinha o chão e tinha o céu e agora
nem sei o que aconteceu...

Você foi embora e a rua vazia,
a casa vazia doeu.
Eu ainda queria dizer tanta coisa
mas não deu...

Pra onde foi tudo que eu tinha
pra onde você foi e eu
vou pra onde?
Onde a gente se esconde
do que aconteceu...
Eu ainda queria dizer tanta coisa
mas não deu...

Nessa cidade tão cheia de gente
ninguém sabe o que você sente
ninguém quer saber de ninguém

Só agora sozinho na cidade
onde eu vou, onde você foi
o que foi que aconteceu?
eu ainda queria dizer tanta coisa
mas não deu...

LONELY IN THE CITY

Where did she go the city I knew
and everything that was mine
I had a ground, had a sky and now
I don't even know where I am...

You left me with empty streets
and an empty house, left a wound.
Still so much I wanted to say but it's too late...

Where did everything go
where did you go and me
where do I go?
Where can I hide from
what happened...
Still so much I wanted to say
but it's too late...

In this city so full of people
no one cares how you feel
no one gives a damn

Now lonely in the city
where do I go, where did you go
what happened to us?
Still so much I wanted to say
but it's too late...

FRAGMENTOS

Leve como uma pluma, me deixo transportar pelas
visões
vivo no deslumbramento constante dessas revelações.
Pressinto, intuo, antecipo, compreendo por outros
canais.
Sobrevoo vários planos e uivo com os animais.

Em todas as minhas travessias, me transformei tantas
vezes
múltipla e plural. Sou um fragmento de todos os
retalhos,
junto os pedaços todos que cortaram, partes que
foram
e partes que restaram, o que joguei fora, o que
guardei,
e o que em mim ainda resiste.

Sou ambígua e tudo o que exponho seria confidencial.
Com o que juntei fiz meu desenho,
de muitos cacos é feito meu mural.

DELICADEZAS

Me sinto estrangeira dentro de hipermercados,
de viadutos que não se atravessam, de aglomerações,
dentro de altíssimos edifícios
com antenas de televisões.

Nas lanchonetes, nos shoppings, no
congestionamento,
nas garagens dos estacionamentos automatizados,
na burocracia de sistemas de cadastramento
constantemente atualizados.

Sou dos pequenos teatros de bairro, cinematecas
com velhas reprises de grandes filmes,
das pessoas que continuam lendo livros
e atravessando parques no outono.

Pessoas que ainda anotam coisas num caderno
em algum lugar. Alguém aponta um lápis e desenha.
Lê um verso esquecido, escreve,
busca uma nota musical, toca piano pra ninguém.

Alguém caminha lentamente. Alguém conversa com
seu cão.
Alguém telefona pra alguém de madrugada e chora.
Um amigo te abraça e às vezes isso basta.
Alguém sentado em frente a um quadro num museu.

Fugidias, as impressões que permanecem.

As primeiras gotas de uma chuva de verão.
Alguém que não precisa dar sua opinião, mas escuta.
Alguém que te manda uma mensagem de afeto.

Todos os inesperados tons de amarelo e azul, todas
as nuances.
O olhar acostumado aos menores lances, às
delicadezas.
Os tons das tulipas. Uma maçã em cima da mesa.
O prazer de desvendar, de descobrir.

E um absurdo desejo de rir. E rir em lugares
inapropriados.
O humor é o maior salvador e o melhor aliado.
Talvez não sejamos muitos, você sabe.
Mas estamos por aí nas esquinas do mundo.

Quando por acaso a arte do encontro
nos aproxima, nos reconhecemos de imediato
por uma dessas sutilezas imperceptíveis.
Quem é gato reconhece outro gato.

SUA HISTÓRIA

Comprei por cinco dólares a história da sua vida
e larguei no chão do banheiro
no meio dos jornais e embalagens e restos de comida.

Obviamente não gosto do que escrevem a seu respeito.
Detesto que desvendem.
O anonimato, as vielas, as ruas cinzentas de uma
cidade
são esses os elementos do seu crime.

Atrás das coisas guardo seu nome. Embaixo delas.
Bueiros, paralelepípedos, rostos cansados, latas de
lixo.
Nuvens pesadas no céu que nos ameaça.
Chamadas telefônicas. Mulheres sozinhas descendo
a rua.
Um telefone que ninguém atende. O silêncio da
espera.
Uma estação de metrô. Uma mala. Um trem.
Uma desistência.

Um velho num quarto de subúrbio escreve poemas
que ninguém lê.
Um cinema às moscas. A luz vermelha da saída de
emergência.

Atrás disso tudo e de cada movimento
velo por seu nome, como velo

pelas pessoas que carregam pacotes e envelhecem
e pelos domingos cinzentos, como velo pelos
ressentimentos,
pelos conjuntos habitacionais,
pelas filas, pelo desterro dos estacionamentos.

E que nos deixem sós, todos, saiam
e nos deixem em paz e deixem intactas e anônimas
nossas histórias
nessas ruas transversais onde passamos.

PÁSSAROS NA CABEÇA

Olho com deslumbramento pras estrelas
a faísca da primeira criação.
Penso que foram elas
nosso primeiro mapa de orientação.

Com um pássaro parado na cabeça,
decido me lembrar e percorrer
setecentos bilhões de filamentos
que a cada simples momento
conectam trilhões de átomos
no meu corpo e pensamento.

Estou imóvel, mas dentro de mim
velocíssimos acontecimentos
nunca têm fim. O pássaro confia
na minha boa energia e só voa
quando enfim me movimento.

Compreendo a espiral do tempo.
Trago impregnado no desenho
de cada poro da minha pele
todas as equações da história.
No limite entre a ciência e a ficção
toda a sabedoria está exposta.
Enfim atravesso a dimensão
em busca da resposta.

FÉ

Se eu pudesse abrir as comportas dos diques
onde toda a água retida espera
por uma única fresta, por uma invisível rachadura
para explodir.

Se eu pudesse na inversão do tempo revisitar
acontecimentos e compreendê-los
e ver passar diante de mim como num filme suas
causas e consequências.

Se eu pudesse lavar os corpos amontoados
das vítimas do mundo, numa contínua cerimônia
através de séculos de sangue derramado.

Se eu tivesse os braços que preciso para recolher o lixo
entre os escombros
e aos poucos espalhar a festa necessária que celebra
a vida.

No entanto, acendo velas, recolho flores, compartilho
rituais sagrados
e todos os dias assisto a pequenos milagres em
silêncio.

FÍSICA QUÂNTICA

Todos os dias eu procuro
desvendar algum segredo
fecho a cancela do medo
e de outros sentimentos
e arrisco um movimento
rumo ao desconhecido.

Todos os dias eu invento
o desenho do destino
e traço novo caminho
onde caminho não havia.
Crio a cada momento
uma nova perspectiva
pra olhar o mesmo dia.

E pra quem carrego comigo
preparo deslumbramento
arte, música, poesia
pedra, água, natureza
misturo tanta beleza
pra criar alguma coisa
que seja motivadora.
Uma coisa que aflora
se espalha e contagia
levando todos em frente
pra começar novamente.

Essa é a força que eu trago
que se desprende e irradia
alcançando toda gente
e é como se de repente
uma luz se espalhasse
até o alcance da vista
e deixasse tudo leve
tudo curado e sem dor
e fosse tudo possível
sereno, transformador.

Falo da mesma matéria
de que é feito todo o cosmo
entre estrelas e galáxias
desse impensável infinito
ideia do grande criador.

Nem a ciência desvenda
a partícula do amor.

DOGMA

Você criou um templo em cada casa,
essa atmosfera mágica e sagrada.
E conhece a palavra que transforma,
sabe a chave que abre essa jornada.

A música dentro de você
talvez ninguém escute.
As vozes de um coro sublime
protegem a sua travessia
pra que o mal não se aproxime.

Você respira, sabe o segredo,
conhece o que a noite esconde.
Seguir requer vencer o medo
e continuar a perguntar
quando ninguém responde.

E essa beleza continua
a se espalhar em volta
de tudo o que você toca.
Dança nua e olha a lua
sem saber o que provoca.

Nem santa é, nem sequer
promete ser iluminada.
Tem a asa quebrada
de todo anjo caído.
Que importância pode ter?

Sabe que não tem nada
a oferecer, nenhuma espada,
nenhuma audácia ou coragem.
Com que mensagem combater
um mundo corrompido?

Na solidão de uma nova desistência,
na ausência de uma prova concreta
que deflagre o milagre,
escolhe a fé acima da ciência.
E de repente você percebe
que a sua própria existência
é ao mesmo tempo
o mistério, a busca e a resposta.

É inútil tentar a direção oposta
quando a chama é tão determinada,
mesmo confusa, fraca, descomposta
você vai continuar por essa estrada.

Faz muito tempo você fez a sua aposta.
Faz muito tempo começou sua aventura
toda terra percorrida é abençoada
tudo aquilo que se aprende se depura.

Pra quem desvenda o dogma da palavra
já não existe o Criador e a Criatura.

PAZ

Me pediram a alma
eu dei.
Me cortaram, retalharam
desventraram
deixei.
Achei que seria o processo,
o verso da Cecília,
voltar inteira como a primavera
manter intacta aquela atmosfera
onde nasce a paixão.

Continuar sendo esse camaleão
que se adapta à superfície
em que se encontra,
camuflada e ainda tonta
de tantos papéis.

Driblar o acaso, reinventar
esse destino.
Transformar cada momento
pequenino
num grande acontecimento.
Cada pequena luz em festa.
Deixar a fúria da tempestade,
o vento, a adversidade
tornarem ainda mais fortes
as suas raízes.
Retribuir com frutos generosos

e dar mais, dar sempre mais...
para que sejam seus algozes
mais felizes
e você os desafie
com a sua paz.

RASANTES

Tenho voos rasantes, preciso de espaço
há uma ciência exata naquilo que faço
que obedece a leis que não conheço,
porém posso intuir que meu processo
não terá fim e nem teve começo.

A estrela que aponta meu caminho
me guia há milênios e eu obedeço.
Há coisas que vivi e agora esqueço
amores conturbados que confesso,
mistura de loucura e de excesso.

Olho pra trás e nem me reconheço,
vivo como quero e pago o preço.
sei como levantar a cada tropeço
e a cada erro meu, me fortaleço.

OS DEUSES

Os deuses me reservam preciosismos,
algumas palavras que poucos conhecem,
desvendam conclusões dentro das preces.

Me deram dons, canais que me conectam
me ensinam sinais pra decifrar questões
e ainda me mandam anjos que obedecem.

Exigem minha atenção pra todos os detalhes.
Detestam distração, querem o específico, o particular.
Adoram que eu invente, porque adoram inventar.

Me dão toda essa intimidade permissiva
me deixam até ser um pouco preguiçosa
e muitas vezes um tanto lasciva...

E eu os ouço gargalhar com certas coisas
que nem considero assim tão engraçadas.
Os deuses, todos sabem, adoram uma piada.

Nem sempre tenho humor, mas eles se divertem
até se meu desespero me impacienta
e minhas emoções parecem exacerbadas.

Reclamo que nunca me compreendem,
mas nem posso reclamar, são deuses,
têm o poder de fazer o que bem entendem.

E eu fico aqui, presa ao desenho de um destino,
desato nós, movo montanhas, faço coisas
que até os deuses duvidam.

Tento cortar o que entendo por amarras
ampliar o que me deram por fronteiras
tento estender o tempo e os meus domínios.

Tento façanhas, penso que o grande os impressiona.
Mas não. Os deuses gostam do pequeno.
Reparam até naquilo que é invisível.

Fazem cair plumas do céu e eu sou sensível.
Tantos gestos de amor em minha volta
que fico profundamente comovida

e acabo vendo o melhor que existe em tudo.
Os deuses têm suas artimanhas pra nos dar
disfarçadas lições de amor, lições de vida.

MEU CAMINHO

Atravessei sete oceanos
pra poder me compreender,
resolvi ir do meu jeito
e entender o que tinha feito.

Quanto mais longe eu me via,
mais claro pra mim ficava
o desenho que eu formava
cada vez que me mexia.

Se é que existe um destino
deve ser um desatino
se afastar do que é esperado,
do que está no céu traçado.

Mas cada vez que imagino
que traço meu próprio caminho
invento um itinerário
e vou pro lado contrário.

Dizem que ali não se passa,
que do outro lado é proibido
e não tem o menor sentido
fazer as escolhas que eu faço.

Quem inventa seu destino
aprende a pensar sozinho.

E é sempre a primeira vez
pra quem faz o que nunca fez.

Tem gente com a mesma vontade
de achar seu próprio rumo,
descobrir sua identidade.
Pra eles espalho sinais
deixo pistas na cidade.

O mapa da minha emoção
serve pra todo mundo
que tiver a mesma intenção.
Deixo esse rastro no chão,
me segue uma multidão.

E aí vejo que minha busca
é a mesma de muita gente,
se sou mais inconsequente
no meu jeito itinerante,
é que carrego comigo
o segredo do viajante.

Sei que só estou de passagem
sei que não há garantia
do meu próximo segundo.
Carrego pouca bagagem
abraço tudo que vejo
e levo comigo o mundo.

O segredo do viajante
é amar profundamente
cada coisa e cada instante.

SERTÃO

Quando entro nas Minas Gerais
naquele sertão
tudo dentro de mim vira emoção
abençoado caminho.
Troco de alma com a de um passarinho
e sobrevoo baixinho, quase rasante
a beleza de cada instante.

Nesse lugar tudo se explica
tudo se amplia e dignifica.
Por aqui fica escondido
o mistério de cada sentido.

Aqui o peito se abre
de repente a gente sabe
o que significa tudo.
Porque só isso é preciso
para entrar no paraíso.

Aqui tá a chave secreta
que abre as portas do mundo.
Basta sentar nessa pedra
se embrenhar por esse mato
e nas águas desses rios
que mudam a cada segundo.

Essa aqui é a travessia.
De cima dessa montanha

de onde se perde a vista,
dou meu grito de euforia
pra agradecer à entidade
que cuida dessa magia.

Aqui nesse sertão,
vem o vento e me invade
e como naquela canção
deixo explodir o coração
de tanta felicidade.

O CHAMADO

Um homem me chama do deserto.
Ele conhece o movimento
das estrelas e se orienta
conhece o vento
pressente a tormenta
escuta o sopro da terra que sussurra
poemas que atravessam o tempo.

A música que ele toca traz a memória do mundo.
Uma emoção, uma sabedoria
primordial que foi esquecida.
O seu chamado ecoa no silêncio
desperta alguma coisa adormecida.

Ele conhece a hora da travessia.
Sabe o rumo, o início
o ponto onde tudo principia,
onde tudo converge
e gira no seu inverso
no mais simples ritual.
Ele adivinha a espiral
que rege o Universo.

Um homem dentro da mecânica celeste
acompanha as rotações da grande noite
a viagem dos cometas e compreende
sua mensagem secreta.

Acompanho esse homem a cada passo.
Seu itinerário parece errático e imprevisto
mas sinto que obedece a uma ordem maior.

Com ele descubro um portal e me transporto
na dimensão que tudo desintegra
decifro aos poucos o que me diz.

Um homem me chama do deserto.
Com ele crio as mais belas asas
e a mais profunda raiz.

HIGHWAYS

Você repete sim, sim, sim, muitas vezes sim
e nunca mais não.
Às vezes é você contra o mundo
Uma *freeway* sem sinalização.
Aconteça o que acontecer,
pode ser um atalho, pode ser
uma estúpida contramão.
Opção errada ou não, foi essa a estrada
do delírio e diversão.

Você vive as nove vidas do gato
todas agora juntas nessa hora
adrenalina, frenesi, você aqui
nessa euforia que mistura noite e dia
e tudo muito e mais e muito mais diverso.
A fragmentação de tudo o que é disperso
e a união da essência do Universo.

Zeitgeist aqui. O espírito do tempo
a inversão de tudo e o elemento
preciso e exato da conexão.
Aqui você toca o nervo exposto
e gosta, você escapa
do rodamoinho
de seu errático caminho
e compreende a distorção.

Aqui você descobre a chave-mestra
e abre o mundo com a mão.
E você repete sim, sim, sim, muitas vezes sim
e nunca mais não.

A CIDADE DO HOMEM

Te escrevo pensando nesse deserto
nesse imenso vazio que se formou
em volta de você
e te vejo desgarrado, finalmente perdido.

Te vejo entrando em cinemas ordinários,
nas galerias, olhando tudo de uma distância inexorável
e com essa insuportável comoção piedosa
que te faz sentir um buraco na boca do estômago
o tempo todo.

Inevitáveis lágrimas às vezes.
Às vezes uma espécie de fome ou de sono
ou de coisa nenhuma,
como se tudo estivesse anulado
e talvez sobrasse um certo animal,
um animal desfigurado,
um certo desejo animal
e um certo ódio ainda
e a possibilidade de estraçalhar
alguma coisa
ou de se esconder acuado.

E dentro do ódio quase a santidade.
De repente o desejo santo de abraçar
o miserável, o aleijado, um qualquer
no meio desses milhares.
Lixo, feridas expostas, moscas.

As placas te distraem.
Compro ouro. Protético. Tudo em sete prestações. Sua TV agora.
Massagista afrodisíaca.
O síndico. O desocupado.
A oferta. O mendigo.
A faxineira. Corredores escuros.
Buracos de apartamentos.

Quantos nomes de mulher você conhece?
E tudo que importância tem?

Secreto prazer de estar finalmente solto, morto, anônimo, perdido para sempre.
Vagando, flanando, errando os caminhos, errando, errando...
sem que ninguém te investigue,
te descubra, te revele.
Sem que ninguém saiba.
Sem que ninguém, na verdade, se importe.

Belo prenúncio de solidão.
O homem e a ideia da morte.

O HOMEM

O homem disfarça a morte com seu sexo.
Afasta o que não gosta de encarar.
Mesmo simples consegue ser complexo
e tece a teia na qual vai se enredar.

Tudo o que o homem teme faz sentido.
Já sabe que a resposta não existe.
Precisa um tom maior pra ser vivido
uma alegria que o afaste de ser triste.

Sua busca continua a cada dia
e independe do brilho que a ofusca.
Não tem satisfação porque seria
a tal satisfação o fim da busca.

Às vezes, quando alguma crise bate
e ele se confunde e se debate
na ira contra Deus e vê o mundo
que se destrói de todas as maneiras

o homem tenta dentro do desgaste
ainda ser o dono do destino,
reger a vida e vencer no combate,
pois tenta acreditar que tem domínio.

E aí ele se vê pequeno e fraco,
tentando desvendar o que não se explica,

sem saber mais como se identifica
com aquele que ele foi e nem se lembra

de um tempo em que tudo parecia
ainda tão certo e cheio de sentido.
Mas agora ele cansado e tão perdido,
não acha mais o fio do labirinto.

O homem engana a vida por instinto.
quer festa, riso, falta de juízo.
Faz desse navegar seu paraíso,
já que sobreviver é que é preciso.

SÍMBOLO

Quando o mundo se cobre de violência
em algum lugar nasce a resistência.

No meio da indiferença da cidade
existem gestos de solidariedade.

Quando tudo em volta é destruição
ao longe se escuta uma canção.

Pra cada perda, pra cada despedida,
é superar e refazer a vida.

Pra quem chora no quarto sozinho
de repente a ideia de um caminho.

Na solidão da mulher abandonada
um sopro de esperança renovada.

Quando parece que não existe mais justiça
só a impotência diante do delito
quando a regra é a violação do que é direito
e a força bruta abafa todo grito.

Quando toda causa for perdida
e já não se enxergar qualquer saída.
Quando as portas se fecham com medo
e não se tem ninguém pra recorrer.

Quando o bem parece vencido
e o mal assume o seu maior poder.

Em algum lugar começa um movimento
surge pequeno e se espalha na cidade
e restitui a cada um a dignidade.
Ele vem com a fé cega de uma prece
porque é assim que o recomeço acontece.

E até mesmo no concreto cinzento
brota uma flor nascida do cimento.

SUBLIMINAR

A poesia sorrateira se infiltra,
Subliminar, e sussurra
coisas no seu travesseiro...
permanece subterrânea
secreta dentro de você
alimenta seus sentidos
e você nem mesmo a vê.

No entanto o sopro dela
se envolve no seu corpo
e você nem imagina
quanto ela domina.
É ela quem, subversiva,
inverte a ordem das coisas
que já eram instituídas.

Transforma tudo o que toca
e nunca é o que parece.
Traz a loucura da seita
e o sagrado da prece.

MEU SISTEMA

Minhas loucuras justificam meu sistema,
crio meu próprio problema e invento a solução.
Revoluciono a vida com os riscos que corro,
que expandem a energia da minha criação.

Conectada que estou com meu destino,
escrevo cenas de cinema e desafio o previsível.
O Universo me compreende, torna possível
e me surpreende com tudo que acontece.

O meu trabalho é a minha melhor prece.

MEMÓRIAS DAS CATEDRAIS

Não me deslumbra o sucesso
nem me apavora a derrota
me interessa descobrir
o inesperado da rota.

Aprendo a lidar com a tessitura
da complexidade humana
sigo sua intrincada trama
e não adianta o confronto
porque eu enxergo através,
sua flecha não me atinge
nem me pega de viés,
se nunca me derrubaram
não vai ser dessa vez.

Sua maldade não me alcança
nessa esfera onde vivo,
aqui você perde sua força
sua intenção e seu objetivo.
A energia que me protege
em delicados rituais
vem de planos superiores,
memórias das catedrais.

Sou uma mistura de tudo,
tribos que atravessaram
os sete desertos do mundo.
Sei a ciência das estrelas

que guiavam as caravanas
nessa poeira de séculos
que hoje se deposita
em cima da minha mesa
vestígio desse mistério
e essência dessa beleza.

INSETOS

As palavras se escondem pelos cantos
como os insetos
e, como os insetos,
às vezes, à noite
nos passeiam em cima.

FORÇA INTERIOR

É preciso o desejo
que move o campeão
a força que rege a paixão
a audácia, a ousadia
o entusiasmo, a ação
de ir aonde não se iria.

Quem enfrenta
o que não conhece
sabe o prazer do risco
o vício da adrenalina
a obsessiva devoção
que é misteriosa e divina.

Pra quem usa a força sagrada
da energia em expansão
é revelado o segredo
de usar a alquimia
pra transformar cada dia
numa nova celebração.

INTEMPÉRIES

Tenho um abrigo aéreo dentro de mim, nada me atinge.
Ou você acha que eu cheguei aonde cheguei
só pisando em território conhecido?
Dei passos inseguros em terreno minado, sabendo
que não se quebram paradigmas na zona de conforto.
Não há audácia, nem ousadia no que faço.
Há uma necessidade vital, sobrevivência.
E o resto é consequência.

A força se descobre ao enfrentar, atravessar
as intempéries, cruzar a fronteira do perigo
e se aventurar na loucura, eis a beleza.
E quando ela te toca delicada
transforma a sua estrada
numa constante surpresa.

REFLEXO

Tudo o que você pensa de mim é um reflexo seu.
Sou a água que espelha o que você sente
entre nós existe uma corrente
uma frequência de energia
que nos conecta.
O sentimento que em mim
você detecta
está em você.
A gente é o que a gente vê.

ÉTER

Sem saber por que me encontro nesse corpo
sou amiga de sombras e trovões

Meu coração selvagem quer tocar a natureza
e anseia por temporais e tempestades

As folhas forram o chão para que eu passe
e animais à espreita sabem quem eu sou

Obedeço a premonições e sortilégios
leio os sinais que ninguém vê

Sei disfarçar o labirinto em que me oriento
parece simples o caminho que ofereço

Passo ilesa por crimes e delírios,
deixo rastros onde bebem os aflitos

Sou a insônia dos que sacam minha loucura
dos que perdem sua imagem em meu reflexo

Naufragam quando tentam me reter
nas águas do rio que já não é o mesmo.

Nunca houve princípio e nem o fim existe,
me adapto, transmuto, transformo e transparece

essa metamorfose em contínuo movimento
e já não estou onde tentam me alcançar

A minha dança é permanente e generosa
assim como é louvado o meu pecado

Depois de quarenta noites no deserto
me tornei tão bela quanto os anjos

Salvo todos os que toco com meu fogo
e assusto tantos com a minha liberdade

Eu sei a quem agradecer no meu silêncio
sei onde me consumir e sei como levitar

No caleidoscópio de tudo o que me cerca
mudo os desenhos a cada momento

Tenho as menores mãos que ele já viu
e a maior infinidade de destinos.

LIBERDADE

Se eu comesse luz e se eu voasse
e segurasse raios com a mão
se me deitasse em nuvens
tivesse os pés no chão
e a cabeça no espaço

Se o simples erguer de um braço
me elevasse na imensidão
e eu flutuasse com tal leveza
entre galáxias, luas e sóis
na plena expansão da beleza
de tal ordem de grandeza
dimensão e magnitude

Se eu sentisse que o tempo não existe
e tudo o que existe nos ilude,
não importa e é insignificante,
eu poderia vislumbrar a totalidade
e já livre dos desígnios da vontade
compreender a absoluta liberdade.

PEÇA-CHAVE

Contraditória à beça
um pouco inibida e devassa,
destemida e com medo de tudo,
fui abrindo o meu caminho
movida a curiosidade.

E descobri que a verdade
existe pra cada um
de um jeito diferente.
Que cada peça do jogo
parece a mais importante
mas não existe sozinha
e nem completa o desenho
de um todo que não se conhece.

Se cada um entendesse
que fazer a sua parte
faz parte dessa jornada
e a coisa é complicada
como o jogo tem que ser.

O truque é que não existe
de fato um vencedor.
Porque a coisa vai mudando
à medida que se avança.
É mais assim uma dança
onde o que importa
é o encontro.

Essa é a peça-chave
a que dá sentido a tudo
a que cria o movimento
e que define a estrada.
Pois não existe chegada
só existe a gente indo
sem saber de quase nada.

DUALISMO

Nem sempre existo onde estou,
às vezes vou pra outro lugar com o pensamento
me divido, parte de mim viaja, outra parte continua,
uma parte pede colo e a outra enfrenta a rua.

Enquanto uma se esconde, a outra atravessa a cidade,
adora um desafio, encara a adversidade,
se fascina com a noite e quer cair na balada.
Mas a outra não quer nada
prefere ficar sozinha, tem prazer na escuridão.
Busca o silêncio da mata, a música da floresta.

E se uma é o centro da festa, o foco de todo flash,
a outra quer o anonimato de ser um rosto como todos
que some na multidão.

Uma é movida a paixão, cheia de humor e amigos,
a outra quer solidão e lê livros antigos.
Uma vê e a outra é vista.
Enquanto uma observa, a outra vai e conquista.

Uma só vive o momento, dança conforme o balanço
já a outra quer descanso, olha pra si e pra dentro.
Se uma não tem juízo, a outra é só sabedoria.
E de alguma forma acontece essa esquisita alquimia
que funde a contradição.

E nada é o que parece nessa insensata magia
e constante transformação.
Vivo a fusão dos opostos
e faço tudo o que gosto
mudo conforme a vontade.
Me dou essa liberdade
de ser tantas e ser todas
viajo e estou presente
sou secreta e transparente,
simples e indecifrável
turbilhão e harmonia
numa explosão contínua
na paixão de cada dia.

SONO

Meu amor, dorme seguro
que eu velo por você.
Que nenhuma força assuste
a magia da tua noite
e os lobos que te rondam
respeitem o meu sinal.

Pra que eu prepare, atenta,
o teu círculo de fogo
e que o pássaro liberte
o peso da tua mente,
enquanto velo e sussurro
o mel de algumas palavras.

Amado, dorme tranquilo
enquanto eu toco tua testa
com a ponta dos meus dedos,
untados do óleo sagrado
que afasta todos os medos.

Meu amor, dorme sereno
com o perfume das flores
que escondi no meu seio
e deita a tua cabeça
no meu regaço materno
que te leva ao paraíso
te levo aonde é preciso
te livrar do seu inferno.

Meu amor, dorme, delira
enquanto eu beijo teu corpo
e quase uma febre desperta
o desejo no teu sono.

Que seja doce o abandono
a entrega dos teus sentidos
nessa paz que te proponho
enquanto eu velo e me infiltro
na fantasia do teu sonho.

O MAIOR AMOR

Tenho um amor que atravessa eras e continua
grande, profundo, quieto e sem alarde
abrange tudo, ocupa tudo, invade
eu tenho um amor de verdade.

A cada dia por ele me apaixono,
renovo o olhar e sua beleza é plena.
Aprendo com ele, supero junto e somamos
forças, da maneira mais serena.

Passa por emoções variadas e incandescentes,
nunca se condiciona, é libertário
sua euforia me contagia e toma,
e em tudo enxergo o extraordinário.

Meu amor vive o invento do momento,
sabe que viver requer a grande arte.
Me guia a sua sutil sabedoria
e o prazer é a sua melhor parte.

Tenho um amor incondicional e absoluto
que nem sei se mereço.
Desfruto de seu mais belo fruto
e agradeço.

TEMPORAIS

Os que enfrentam temporais
e continuam
quando tudo diz que não
quando falta o céu e o chão
continuam
quando o pouco se reduz
e se apaga toda a luz
ainda assim
os que querem saber mais
quando faltam as respostas
quando as feridas expostas
não se curam.

Continuam na ausência de um sinal
quando o bem se confunde com o mal
e as coisas se misturam.
Aqueles que continuam
e olham pra dentro sabem
que sempre chega o momento
em que as águas se abrem.

SOPRO

Meu sopro no ar afasta a tempestade
e ao seu ouvido sussurro
coisas que você nem nota
eu digo: se deixa levar
e pego a sua mão sem pegar...

Eu venho de um caminho que atravessou séculos
venho de um ponto tão profundo que te assustaria
se eu te dissesse.
Te vejo perplexo diante da brevidade das coisas
e não sei como te dizer não tenha medo.

Do lugar de onde eu venho, os que vêm se
reconhecem.
Seja pedra, pássaro, cão, velho, criança,
lá tudo harmoniza e já não há perguntas.
Tudo é tão simples, primordial, antes do mistério.

Depois cria-se o arcano, o esquecimento.
É mandatório decifrar cada momento
antes de cada movimento,
dizia a mensagem que mandei
mas você leu tão desatento,
achou tudo tão confuso...

A vida que te interessa está na realidade,
nos jornais, nos acontecimentos
que se espalham na cidade.

Você acredita que esse é o conhecimento.
E eu tento compensar com outro alimento
feito de luz.

O que eu trago parece inescrutável
ambíguo, místico, cifrado
parece que eu falo por enigmas e, no entanto,
nada é oculto, tudo se expõe, nenhum segredo
deixa de ser revelado, em transparência.
Faço o que vim para fazer:
sopro seu coração pra que palpite,
só isso, não há ciência.

RESISTÊNCIA

Longas noites se aproximam
céus de chumbo
são agora uma espécie de resultado.

Cada vez que querem nos esmagar
cada vez que usam sua força contra
abrimos nossos braços em cruz.

E deixamos o tempo, esse mestre,
que conhece tudo o que fomos
e sabe o que está por vir,

com sua luz apontar a frente
e, se nos enterram, brotamos
porque nós somos semente.

LET THE LIGHT BE

The universal sense
the nature of dance
is the rhythm that makes love flow
and my last, my ultimate goal
is to let the light be
and be able to give
the best of me.

DEIXA SER LUZ

O sentido universal
a natureza da dança
é o ritmo que faz o amor fluir
e minha missão de existir
só se completa e tem fim
se eu conseguir ver a luz
e dar o melhor de mim.

Agradecimentos

Clímax nasce com a melhor energia, rodeado de gente maravilhosa que cuidou de cada detalhe, com minúcia e delicadeza. Muito obrigada a Marcos, Tomás, Alessandra, Virginie, Mariana, Marcela e todos desse time, que fazem da Sextante essa editora campeã, sonho de todo autor.

Fiquei superfeliz com a beleza do design gráfico que o Kim criou para a capa e que traduz tão bem a arte sutil de olhar o universo feminino.

Agradeço demais a esse público fantástico que me acompanha, formando uma verdadeira comunidade, e que sempre me surpreende com sua consistência, constância e carinho extraordinários.

E gratidão absoluta por ter tanto amor na minha jornada com o Ri e com o Kim, que trazem harmonia, humor, deslumbramento e sabedoria a cada momento da minha vida.

Conheça outros títulos da autora:

Poesia Reunida

Ao longo dos anos, a obra de Bruna Lombardi conquistou a admiração do público, o reconhecimento da crítica e o elogio de escritores renomados como Ferreira Gullar, Mário Quintana, Clarice Lispector, Vinicius de Moraes e Carlos Drummond de Andrade, consagrando-a como um dos nomes mais relevantes da poesia contemporânea.

Agora reunidos em um único volume, *No Ritmo dessa Festa* (1976), *Gaia* (1980) e *O Perigo do Dragão* (1984) trazem de volta a impactante e intensa poesia da autora, que consegue equilibrar, em doses magicamente combinadas, a explosão de sentimentos com o rigoroso e preciso domínio da métrica, do ritmo e da linguagem.

Nesse grande desenho onde se misturam palavras, ações e imagens, percebemos a amplitude que nos transporta para um universo maior. Não há como ficar indiferente à poesia de Bruna, ao mesmo tempo doce e provocante, íntima e universal, suave e hipnotizante. Seu dom com as palavras faz tudo parecer fácil e simples, mas sabemos que a simplicidade é uma das mais árduas e difíceis conquistas.

Jogo da Felicidade

Jogo da Felicidade é um desses livros essenciais que surgem para nos acompanhar para sempre. É um oráculo moderno que decifra e revela, em 21 capítulos, as etapas da jornada de todos nós em busca dos nossos sonhos e desejos.

As páginas consultadas "ao acaso" fornecem mensagens para o momento que vivemos, para que possamos descobrir em que parte do percurso estamos e o que precisamos fazer para alcançar o que mais desejamos, desde as coisas mais simples até as mais grandiosas, como um trabalho, um projeto ou uma história de amor.

É um livro mágico, misterioso, que ao mesmo tempo consegue ser transparente e luminoso como um cristal. Ele nos mostra que qualquer caminho traçado segue um desenho claro e nítido, que obedece às leis do Universo e revela segredos, ajuda a superar obstáculos e dificuldades, ensinando como é simples ser feliz.

INFORMAÇÕES SOBRE A SEXTANTE

Para saber mais sobre os títulos e autores
da EDITORA SEXTANTE,
visite o site www.sextante.com.br
e curta as nossas redes sociais.
Além de informações sobre os próximos lançamentos,
você terá acesso a conteúdos exclusivos
e poderá participar de promoções e sorteios.

www.sextante.com.br

facebook.com/esextante

twitter.com/sextante

instagram.com/editorasextante

skoob.com.br/sextante

Se quiser receber informações por e-mail,
basta se cadastrar diretamente no nosso site
ou enviar uma mensagem para
atendimento@sextante.com.br

Editora Sextante
Rua Voluntários da Pátria, 45 / 1.404 – Botafogo
Rio de Janeiro – RJ – 22270-000 – Brasil
Telefone: (21) 2538-4100 – Fax: (21) 2286-9244
E-mail: atendimento@sextante.com.br